AIMEE SONG

W0045724

ZEIGE DEINEN STYLE

AIMEE SONG

ZEIGE DEINEN STYLE

OPTIMIERE DEINE INSTAGRAM-FOTOS UND MACHE
DEIN LEBEN ZUM ULTIMATIVEN SCHAUFENSTER

5

INSTAGOLD

4

FINDET UND VERGRÖSSERT EUER PUBLIKUM

VON

DIANE VON FURSTENBERG

Aimee Song lebt als eine der einflussreichsten Modebloggerinnen ihren amerikanischen Traum. Mit perfekt gestalteten Instagram-Fotos ist sie zum Symbol der modernen, erfolgreichen, stylishen, jungen Frauen geworden.

Als ich meine Designer-Laufbahn begann, wollte ich unbedingt herausfinden, was amerikanische Frauen wirklich wünschen, und reiste von Stadt zu Stadt, um Kontakt zu ihnen zu bekommen. Ich drapierte Kleider bei Frauen in Anprobekabinen überall im Land und hörte mir ihre Hoffnungen, Ängste und Wünsche an. Ich habe den Dialog und diese Kundennähe immer geschätzt – sie inspirierten meine Arbeit und hielten die Verbindung zu meiner Stammkundschaft.

Instagram ist eine faszinierende Möglichkeit der Kommunikation, da es auch hierbei um Nähe geht, vor allem aber auch um Unmittelbarkeit. So kann man sich in Echtzeit vor der Welt äußern, von den Orten berichten, die man gerade besucht, oder Kleidung zeigen, die man gerade trägt. Innerhalb von Sekunden erfährt man dann, wie vielen Leuten ein von einem selbst entworfenes Kleid gefällt oder nicht gefällt oder wie viele es beispielsweise in Lila bevorzugen würden. Das kann geradezu süchtig machen.

Und niemand hat es so gut verstanden und geschafft wie Aimee Song, sich diese süchtig machende Kommunikationsform zunutze zu machen. Aimee ist ein führender Influencer auf Instagram, sie beherrscht die Kunst, das Alltagsleben gekonnt zu dokumentieren. Sie hat einen unglaublichen Charme, einen geschärften Blick und versteht es, mit ihren Bildern, auf denen sie ihren schicken persönlichen Stil darstellt, Emotionen einzufangen. Wir haben nun das Glück, dass sie ihr Wissen großzügig und mit Sachverstand mit uns teilt.

Vor allem jedoch versteht Aimee, dass Authentizität und Transparenz angesagt sind. Ich kann ihren Wunsch nachvollziehen, in einen echten Dialog mit ihren Followern zu treten, eine Community zu schaffen und sich in einer Art und Weise zu vernetzen, die ich über die Social Media nie für möglich gehalten hätte.

Instagram hat die Herzen der Generation Y (und auch praktisch aller anderen) für sich gewonnen. »Insta« ist zu einem visuellen Tagebuch geworden, das es den Usern erlaubt, Fotos von sich oder anderen an Orten oder mit Dingen – vor allem Kleidung! –, die sie am meisten lieben, mit Leuten zu teilen, die diese unbedingt sehen wollen. Als Aimee mir das erste Mal von diesem Buch erzählt hat, dachte ich, es kommt genau zum richtigen Zeitpunkt. Es gibt auf Instagram so viele Aspekte – von der Zusammenstellung schöner Fotos bis zur Ankurbelung der Geschäfte – und sie hat endlich einen Leitfaden für diese Plattform geschrieben, der alles abhandelt, was zu einem erfolgreichen Feed (und einer erfolgrei-

chen Marke) gehört. Das Buch ist aber auch für jeden interessant, der verstehen möchte, wie die Generation Y denkt und die Welt sieht. Ich bin stark davon beeindruckt, mit welcher Offenheit und Ehrlichkeit Aimee dieses Medium und sein Procedere beschreibt.

Ich nehme mir auch heute noch die Zeit, in Ankleidekabinen vorbeizuschauen, betrachte aber auch die Social Media als großartige Möglichkeit, um mit Frauen zu kommunizieren. Instagram und weitere Plattformen ermöglichen einen sehr engen Austausch – mit nur einem Klick.

Ob auf Instagram oder im Leben – das Wichtigste ist zu wissen, wer man ist, und sich treu bleibt. Aimees Leitfaden ist dafür ein wunderbarer Ausgangspunkt.

Als ich sieben Jahre alt war, las ich einen Artikel über Kinder meines Alters, die anderen Kindern in Orten, von denen ich in meinem Zimmer nur träumen konnte, Briefe schrieben. Mit anderen Kulturen in Verbindung zu kommen und etwas über das Alltagsleben von jemandem zu erfahren, der viele tausend Kilometer entfernt wohnt, erschien mir das Coolste auf der Welt zu sein – und schon bald korrespondierte ich mit neuen Freunden in Australien und Indonesien.

Ich habe in mir schon immer die Liebe und den Drang verspürt, mit anderen Menschen zu kommunizieren – das A und O der Social Media.

Ich empfand dieses Bedürfnis als gemobbte Schülerin der Mittelstufe und wandte mich einem koreanischen Social-Media-Netzwerk namens Cyworld zu. Dort konnte ich mich mit Leuten vernetzen, die meine Hobbys und Interessen teilten, fühlte mich aber dennoch in der Schule einen Großteil der Zeit sehr alleine.

Ich empfand dieses Bedürfnis in der Highschool, als ich beim Cheerleading-Team und einem Chor abgewiesen wurde, aber auf Xanga – einer der ersten Blogging-Plattformen – Tausende Leute fand, die auch gerne lustige Memes, Fotos und Storys teilten, und darüber sprachen, wie einsam sie sich fühlten.

Trotz meiner Vorliebe für die ersten Social Media und obgleich ich ihre Nutzungsmöglichkeiten genau erkundete, um Kontakte zu pflegen, hatte ich eigentlich nie geplant, eine Bloggerin zu werden – geschweige denn, jemals von denselben Modezeitschriften, die mir immer Anregungen geliefert hatten, als eine der einflussreichsten Bloggerinnen bezeichnet zu werden. 2006 jedoch, als meine Familie in eine schwierige finanzielle Situation geriet, legte ich meinen Traum auf Eis, in San Francisco eine Schule für Innenarchitektur & Design zu besuchen, und suchte nach einem

Job, um meinen Eltern zu helfen, über die Runden zu kommen.

Eine Firma für Küchen- und Baddesign in der Nähe meiner Wohnung suchte jemanden für den Empfang, also nahm ich diesen Job an und es ergab sich, dass ich in Zeiten, in denen nichts los war, das Internet nutzen konnte. Ich stellte Recherchen an über Blogs, Innendesigner, Künstler und weitere kreativ Tätige, die mich noch heute inspirieren. Nach der Arbeit setzte ich meine »Studien« fort, saß bis Geschäftsschluss in der Ecke einer Buchhandlung und sog alles auf, was ich an Zeitschriften für Innendesign sowie Kunst- und Designbüchern in die Finger bekam. Ich hätte sie auch gerne gekauft und mit nach Hause genommen, sparte jedoch jeden Cent für die Schule.

Mein Engagement und meine Liebe für dieses Thema zahlten sich aus, als mich mein Chef vom Empfangsschalter abzog und mit Kunden arbeiten ließ. Schon bald konnte ich den Leuten tatsächlich bei der Gestaltung ihrer Küchen und Bäder und schließlich auch aller anderen Räume ihrer Häuser helfen. Ich fertigte Architektenzeichnungen an, wählte die jeweiligen Ausführungen und, was am wichtigsten war, hielt die Verbindung zu diesen Kunden und half, ihren Geschmack in eine Inneneinrichtung umzuset-

zen, die sie liebten. Ich fühlte mich großartig, wenn ich andere mithilfe von Design glücklich machen konnte. Nachdem ich mich drei Jahre lang reingehängt hatte, hatte ich endlich genug Geld gespart für die erträumte Designschule in San Francisco.

Während ich 2008 die Schule besuchte – und noch immer auf Xanga und später auf MySpace sehr aktiv war –, beschloss ich, mein eigenes Blog für Innendesign zu beginnen. Ich hatte große Freude daran, und meinen Followern und den Leuten, deren Follower ich war, schienen die Bilder der Räume im modernen und vielschichtigen Hollywood-Regency-Stil, die ich postete, zu gefallen.

Dann versuchte ich etwas anderes: meinen ersten Outfit-Post. Er war gelbstichig und unscharf und ich würde ihn heute sicher nicht mehr posten. Aber aus irgendeinem Grund folgten Reaktionen. Gute Reaktionen. Und es machte Spaß. Auch wenn es mir damals noch nicht klar war, war damit meine Mode- und Lifestyle-Website *Song of Style* offiziell geboren.

Die Design-Posts wurden seltener, da sich die Outfit-Posts zu meiner Leidenschaft entwickelten. Ich weiß noch, wie mich das erste Mal eine Modemarke kontaktierte, um mir Kleidung zu schicken. Ich bekam einen Schreck. *Schicken?*

Kostenlos? Worauf lasse ich mich da ein? Es ging um eine Jeans, die ich mir sofort gekauft hätte, daher konnte ich es kaum erwarten, sie zu tragen und zu posten. Je mehr ich postete, desto mehr Follower bekam ich und desto mehr Modemarken schrieben mich an. Mein Leben änderte sich nicht sofort (abgesehen von der erstaunlichen »Beute«), aber – noch ahnte ich nichts – es wurde eine neue App entwickelt, die die Art und Weise revolutionieren sollte, in der ich meinen Style mit der Welt teilte.

Als Instagram herauskam und ich es, genau wie andere Style-Blogger, zu nutzen begann, erreichten meine Fotografiergewohnheiten auf einen Schlag ein völlig neues Niveau. Ich konnte täglich einige Fotos machen und Details meines Outfits sowie andere kleine, aber schöne Momente des Tages zeigen (von einem festlichen Sonntagsbrunch über Bilder von meiner Schwester und mir, wie wir bei einem improvisierten Fotoshooting zu Hause lachen, bis zu den Details einer großartigen Handtasche, die ich unbedingt sofort in der Stadt ausführen musste). So wurde ein kleines dokumentarisches Tagebuch meines Lebens daraus, ein kreatives Ventil, an dem ich wirklich mit großer Freude arbeitete.

Plötzlich konnte ich nichts mehr tun, ohne es per »Gram« zu teilen (Wenn im Wald ein Baum umfällt und niemand da ist, um das über Instagram zu teilen, fällt der Baum dann überhaupt um?). Ich konnte den Fotos meinen persönlichen Stempel aufdrücken, entweder mit lustigen Gesichtern oder albernen Kommentaren. Auch nachdem ich meine fotografischen Fähigkeiten verbessert hatte, verlor ich meine Sensibilität nicht. Ich nehme mich selber nie zu ernst und diese ehrliche, immer sehr persönliche Sichtweise – vielleicht sogar manchmal zu persönlich – ist, so glaube ich, das, was bei den Leuten Anklang findet.

Aus ein paar hundert Followern wurden ein paar tausend ... aus ein paar tausend wurden zehntausend ... aus zehntausend wurden fünfzigtausend ... aus fünfzigtausend wurden hunderttausend ... dann zweihunderttausend. Wahn – Sinn. Ich wusste gar nicht, dass das überhaupt möglich ist. Ich fing an, meine Insta-Fotografiererei ernster zu nehmen, bis schließlich eine Karriere daraus wurde. Eines Tages stellte ich fest, dass eine Million Follower erreicht waren. An diesem Eine-Million-Morgen bekam ich einen Anruf von meiner Mama, die völlig aus dem Häuschen war, als sei ich soeben für den Oscar nominiert worden. Und obgleich ich keine Dankesrede halten musste, war es eine totale Ehre.

Die Anzahl meiner Follower (und Double Taps) nahm jedoch nicht zufällig oder durch Glück zu. Dahinter steckt schon auch ein bisschen Wissenschaft (mit einer Prise Zauberei). Wichtig ist, Branding (Markenpolitik) zu betreiben, zu überlegen, wie man die Fotos aufnimmt, welche Themen und Inhalte man bietet, die Kunst der Bildunterschriften zu beherrschen und zu beachten, was funktioniert und was nicht funktioniert, und zu welchen Tageszeiten gepostete Bilder am besten (und schlechtesten) ankommen. Auch ohne über das Wochenende mal eben nach Paris zu jetten und ohne die neueste »it«-Handtasche der Saison zu besitzen, könnt ihr fantastische Fotos machen, die eure Leidenschaften zeigen – und damit eine bedeutende Fangemeinde aufbauen.

Weiter oben habe ich erwähnt, dass Instagram für mich zu einer kreativen Plattform wurde. Ich experimentierte damit, als wäre ich auf einer Foto-Schule, spielte mit verschiedenen Aufnahmewinkeln und Filtern und analysierte schließlich, was die besten Ergebnisse brachte. Und mit zunehmend besseren Fotos nahmen sogar *noch mehr* Leute davon Notiz.

Mit der größer werdenden Fangemeinde boten sich mir Gelegenheiten, die mein Leben veränderten: Einladungen zu den besten Events auf unserem Planeten (Golden Globes, Oscar-Verleihung, Grammy, Fashion Shows, Partys von L.A. über Marokko bis Japan – alles Dinge, von denen ich mir nie hätte träumen lassen, sie jemals persönlich zu erleben). Ich kann noch immer kaum glauben, welche Türen sich mir dank Instagram geöffnet haben. Täglich zwicke ich mich deshalb irgendwann, um zu spüren, dass ich nicht träume.

Heute, mit 3,3 Millionen Followern auf @songofstyle (zum Zeitpunkt, an dem ich dies schreibe), bekommen einige meiner Fotos – meine Aufnahme von Michael Kors' Modenschau auf der Fashion Week (wo ich irgendwo in der ersten Reihe sitze und mir immer noch alles völlig unwirklich erscheint) und die von meinem Lieblings-Kokos-Cheesecake in L.A. (glaubt mir, auch dafür bin ich dankbar) – fünfstellige Likes.

Inzwischen fühle ich mich kompetent genug, um zu sagen, dass ich mich mit Instagram auskenne (ein Video, das ich letzten Sommer auf YouTube darüber gepostet habe, wie man ein gutes Foto für Instagram aufnimmt, wurde aktuell 343 000-mal aufgerufen).

Ich weiß, dass ich mit meiner Insta-Sucht nicht alleine bin. Instagram hat die Welt erobert. Es ist online das soziale Netzwerk mit dem schnellsten Wachstum, das in Rekordzeit die Zahl von 300 Millionen Nutzern überschritten hat. Über 70 Millionen Fotos werden täglich auf Instagram geteilt. 70 Millionen! Es hat nicht nur bei mir die Kreativität gefördert und ans Licht gebracht, sondern bei allen, die Inhalte erstellen und teilen. Instagram hat mir nicht nur eine Stimme gegeben, sondern es mir auch ermöglicht, etwas über das Leben anderer Menschen zu erfahren – in Indien, Afrika, Neuseeland – und das alles in Echtzeit. Wie in den Zeiten meiner Brieffreundschaften, nur besser. Dabei ist es viel mehr als nur eine Plattform für hübsche Fotos. Es ist ein wichtiges Marketing-Werkzeug für Marken, eine Plattform, auf der Beyoncé ihre Alben vorstellt und eine Drehscheibe, auf der Produkte beworben und auch verkauft werden können. Es ist eine Plattform, auf der Menschen zusammenkommen, um Geld für einen bestimmten Zweck zu sammeln (ich bekam einmal nach einem Post 30 000 App-Downloads zugunsten der Gehirntumor-Forschung), und wo sich viele junge Menschen in aller Welt finden und mit einer Community vernetzen, die Unterstützung in den schlimmsten Zeiten bietet (man denke nur an #JeSuisCharlie).

Es ist aber auch eine Art Familie im echten Leben, wo #InstaMeets (Events, die überall zwischen ein paar bis zu Hunderte begeisterter Grammer zusammenbringen) Freundschaften

entstehen lässt und einen offen macht für neue Ideen. Wenn ich Events ausgerichtet und auf Instagram mitgeteilt habe, wo ich wann sein werde, bin ich Tausenden (ja wirklich, Tausenden) meiner »Liker« begegnet und wurde von Leuten inspiriert, die ich sonst wahrscheinlich nie getroffen oder kennengelernt hätte.

Durch Instagram habe ich großartige neue Restaurants, Jeans, Lipglosses, Wohlfahrtsorganisationen, Geschäfte und Künstler kennengelernt. Und mindestens zweimal half es mir in Dubai, in einem Land, dessen Sprache ich nicht spreche und wo ich niemanden kenne, Kontakt zu einem freundlichen Gesicht herzustellen.

Im Kern ist die App eine Plattform für Entdeckungen, Kunst, neue Ideen und Erkundungen. Sie hat mein Leben und meine berufliche Laufbahn gewaltig beeinflusst. Alle, von Hausfrauen bis zu Fotoreportern, die aus Kriegsgebieten berichten, nutzen Instagram als Kommunikationsmittel. Für meine Generation ist es eine Nachrichtenquelle (wenn in der Welt irgendetwas Einschneidendes passiert, gehen Meinesgleichen auf Instagram und suchen nach Hashtags, bevor sie den Fernseher einschalten oder auf CNN.com schauen).

Während jeder Einzelne seine persönlichen Ziele und Gründe für die Nutzung hat, haben

Instagrammer eine Sache gemeinsam: Sie wollen ihre Sichtweise in der Welt bekannt machen und dafür Anerkennung erfahren.

Ich schulde dieser App so viel Dank. Durch mein Blog wurden mir meine größten Leidenschaften neben Design und Mode (und Essen natürlich) bewusst: Ich möchte Informationen und Inspirationen teilen, möchte unterhalten und mich mit anderen vernetzen. Instagram hat es mir ermöglicht, meine Leidenschaften weltweit auszuleben. Das ist der Hauptgrund, warum ich beschlossen habe, dieses Buch zu schreiben. Ich möchte, dass ihr zum Rockstar auf Instagram werdet und eure Fähigkeiten beim Fotografieren mit dem Smartphone perfektioniert, um Fans und Follower zu gewinnen und zu halten.

Zu einem guten Foto gehört eine ganze Menge (vieles unterscheidet ein gutes von einem Na ja-Foto). Zudem gibt es ganz eindeutige »don'ts« (niemand wünscht sich ein peinliches Insta-Foto). Dieses Buch enthält alle Kunstkniffe, die ich entdeckt habe und euch verraten möchte, sodass ihr beachtet werdet, wenn ihr Fotos postet, die einen Standpunkt vermitteln und durch hervorragende Bilder Geschichten erzählen, die Aufmerksamkeit finden.

Dieses Buch will ein Leitfaden sein, wie ihr selbst einen alltäglichen Moment in einen wunderschönen Augenblick verwandeln und wie ihr eure Marketingfähigkeiten erkennen könnt. Es soll euch aber auch dazu anregen, euer Leben so zu leben, dass es sich lohnt, es in Bildern festzuhalten.

Ich liebe es wie alle Mädchen, Follower und Likes zu bekommen, glaube aber nicht, dass Zahlen das Maß aller Dinge des Instagram-Erfolgs sind. Wenn ihr erst einmal einen Foto-Stil entwickelt habt, der Leute, Orte und Augenblicke zeigt, die ihr liebt, werdet ihr dieses Buch hoffentlich als Leitfaden benutzen, der euch zeigt, wie ihr nicht nur großartige Fotos aufnehmen, sondern auch bearbeiten könnt, und der euch helfen wird, alle eure Ziele auf Insta zu erreichen.

Am Ende werdet ihr euch wie ein echter Fotonarr fühlen, der ein fantastisches Detail entdecken und in virales Gold verwandeln kann. Ihr findet hier hilfreiche Tipps, wie ihr eure Bilder präsentieren könnt und, wenn ihr wollt, durch eure Fangemeinde sogar Einkünfte erzielen könnt (ohne etwas zu verkaufen oder irgendetwas zu tun, das eure Integrität infrage stellen würde, was ich nie tun würde – und nie getan habe – egal für welche Summe).

Der eigentliche Grund jedoch, warum ich dieses Buch schreiben wollte, ist ein recht einfacher: Ich will meine Liebe für menschliche Verbindungen teilen – und bin so unglaublich dankbar dafür, solche Verbindungen, die ich mir als Kind immer gewünscht habe, heute mit Freunden, Fans und Followern in aller Welt zu haben.

Außerdem möchte ich euch bestärken, egal ob ihr Selbstvertrauen braucht, um ein Internetgeschäft zu eröffnen, oder einfach besondere Momente mit euren zehn besten Freundinnen teilen wollt. Fotos beschwören die Gefühle besonders lieber und wertvoller Momente unseres Lebens herauf.

Instagram regt eure Fantasie an und stellt eine Verbindung zwischen diesen Momenten und anderen Menschen her, die, wenn ihr Glück habt, genauso fühlen wie ihr. So war es bei mir und so wünsche ich es mir auch für euch. Während andere Leute oft sagen »Bleib stehen und rieche an dieser Rose«, sage ich, dass es viel mehr Spaß macht, wenn man stehen bleibt, an der Rose riecht, ein Foto macht und mit anderen diese Blume teilt, die einem den Tag verschönt hat. – Und wenn man weiß, dass das Foto wiederum den Tag eines anderen Menschen verschönt hat.

XOXO

Aimee Song

Instagram-Begriffe

Bevor wir zur Sache kommen, hier eine kurze Zusammenfassung einiger wichtiger Begriffe auf Instagram, die ihr in dieser App und in diesem Buch finden werdet.

FEED

Euer Instagram-Account, auf dem alle Fotos gespeichert sind. Rechnet damit, dass Ex-Partner, ehemalige WG-Mitbewohner und neugierige Kollegen diesen Ordner durchscrollen, um zu sehen, was ihr so gemacht habt, seit ihr auf dieser Plattform angemeldet seid.

POST

Ein einzelnes Foto, das ihr hochladet und freigebt, sodass die gesamte Insta-Welt es sehen kann (oder nur eure Follower, wenn es eher euer Ding ist, einen privaten Account zu haben). Eure einzelnen Posts bilden euren Feed.

BENUTZERNAME

Euer Instagram-Benutzername, davor steht das @-Symbol. Ich bin @songofstyle und ihr solltet mir jetzt vielleicht folgen. Wenn wir schon davon sprechen …

FOLGEN

Wenn ihr euch dafür entscheidet, die Aktivitäten von jemandem zu »beobachten«, sodass deren/dessen Foto-Posts in eurem Home Stream auftauchen, so folgt ihr ihm/ihr …

HOME STREAM

Der Fotostream, der aus den Posts der Accounts gebildet wird, denen ihr folgt (keine Sorge, später in diesem Kapitel schlage ich euch fantastische Leute und Marken vor, denen ihr folgen könnt, damit euer Home Stream euch nicht langweilt).

LIKES

Das, was ihr sammelt, wenn eure Follower eure Fotos mit »Double Tap« zweimal antippen und umgekehrt. Ihr werdet geradezu süchtig danach werden, euer Display zu aktualisieren, um zu sehen, wie viele Likes ihr innerhalb der ersten fünf Minuten nach dem Posten eines Fotos bekommen habt.

BILDUNTERSCHRIFT

Der Text, den ihr begleitend zu einem Foto-Post schreibt. Er kann lustig bis selbstironisch, produktiv bis zynisch sein. Oder ihr tippt einfach ein lächerliches Emoji ein und fertig.

HASHTAG

Ein einzelnes Wort oder ein Satz ohne Leerstellen, der durch Hinzufügen des #-Symbols dieses besagte Wort oder diesen Satz für die Instagram-Community auffindbar macht. #WieGenialIstDasDenn?

#LATERGRAM

Wenn ihr ein Bild erst später postet, nicht, wenn ihr es gerade aufgenommen habt.

#TBT

Throwback Thursday. Dies ist ein beliebter Massen-Hashtag, der Leute dazu bringt, Babyfotos, Welpenfotos, idiotische Zahnspangenfotos und Sonstiges aus früheren Zeiten an einem – richtig geraten – Donnerstag zu posten.

#OOTD

Outfit of the day. Ein Foto von eurem Outfit an einem bestimmten Tag. Es wird entweder von einem hilfsbereiten Mitbürger aufgenommen oder als Spiegel-Selfie.

1

INSTAGRAM —
ERSTE INFOS

19–44

Glückwunsch, ihr habt beschlossen, euer Profil auf Instagram aufzupolieren – und damit automatisch auch eure Handy-Fotos! Als ich mit der Arbeit an diesem Buch begonnen habe, war es mir wirklich wichtig, ein Handbuch zu erstellen, das jeder nutzen kann – vom Instagram-Hobbybastler mit zehn Followern bis zu einem Unternehmen, das die Plattform dafür nutzen will, eine mehrere Millionen teure Modelinie einzuführen.

Es verlangt schon größere Anstrengungen und viel Engagement, bei Instagram ganz nach oben zu kommen, das bedeutet jedoch nicht, dass ihr irgendeinen Druck verspüren solltet, euch kopfüber darin zu vergraben – es sei denn, das ist euer Wunsch. Instagram sollte vor allem Spaß machen. Es geht nicht nur darum, perfekte Fotos zu machen, sondern auch darum, dass ihr eure Lieblingsmomente verewigt. Unabhängig davon, wie ernsthaft oder spielerisch eure Ziele auf Insta sind, wird dieses Buch euch helfen, bessere Fotos mit eurem Smartphone zu machen und gut dafür gerüstet zu sein, Instagram so zu nutzen, wie ihr es wollt.

Fangen wir mit den Grundlagen an. In diesem Kapitel lernt ihr:

- ... das Wesentliche einer Handykamera kennen — zum Beispiel meine persönliche Auswahl der Kamera-Features fürs Instagrammen.
- ... wie ihr einen einprägsamen und wirkungsvollen Benutzernamen für Instagram findet.
- ... die beste Möglichkeit, interessante Leute zu finden, denen es zu folgen lohnt, und den ersten Aufbau eures Feeds.
- ... wie ihr eure Foto-Kacheln planen könnt (und was zum Teufel diese Kacheln überhaupt sind).

Also schnappt euch euer Gerät und los geht's.

Mit dem Handy fotografieren

Wahrscheinlich kann ich zu recht behaupten, dass ihr schon von Instagram gehört habt. Für alle jedoch, die den digitalen (und kulturellen) Entzug etwas zu ernst genommen haben, folgende Erklärung: Instagram ist die weltweit am schnellsten wachsende Medienplattform mit über 300 Millionen Nutzern, die über 70 Millionen Fotos teilen. *Jeden. Einzelnen. Tag.* Das ist einfach unglaublich (und auch irgendwie verrückt) und zeigt, wie groß euer Insta-Publikum sein kann, wenn ihr für ein Blog, ein Projekt, eine Geschäftsidee oder etwas in der Art werben wollt (ihr könnt auch einen rein privaten Account anlegen und nur eurer Mama und euren Geschwistern eure Urlaubsfotos zeigen, wenn das mehr euer Ding ist).

Um loslegen zu können, braucht ihr die richtige Ausrüstung – ein iOS- oder Android-fähiges Smartphone oder Tablet oder ein Handy mit Windows 10 (oder besser). Alles andere eignet sich nicht (Zack-Morris-Handys werden nicht akzeptiert). Ihr müsst die Instagram-App herunterladen und vom Handy aus euren Account einrichten, nicht vom Computer aus (ihr könnt Accounts aber vom Desktop aus ansehen). Auch wenn ihr bei einer Kurzdurchsicht durchschnittlicher Insta-Feeds von Modebloggern den Eindruck haben könntet, eine Reihe sorgfältig geplanter Zeitschriftenfotos vor euch zu haben,

braucht ihr absolut keinen Profi-Fotografen, der euch begleitet, und auch keine noble Profi-Kamera, um tadellose Insta-Fotos aufzunehmen. Sogar ein iPhone 5 von 2012 hat dieselbe 8-Megapixel-Kamera mit ähnlicher Bildqualität wie die neueren Apple-Modelle, wenn auch ohne einige coole Autofokus- und Videofunktionen.

Wenn ihr auf eurem Insta-Feed unbedingt Fotos in Profi-Qualität haben wollt, könntet ihr euch natürlich eine Profi-Kamera kaufen und die Bilder anschließend auf eurem Handy hochladen, um sie zu posten. Ich persönlich halte das aber nicht für nötig. Für meine Fotos für die sozialen Medien verwende ich meist mein iPhone.

Für Blog-Posts verlasse ich mich auf die Sony Alpha A7S und die Canon EOS 5D Mark III, beides sind Profi-Vollformatkameras. Ich habe höchste Achtung vor DSLR-Kameras, aber machen wir uns nichts vor, ein Mobiltelefon ist leichter, schneller zur Hand und kann überall hin mitgenommen werden. Meine Canon kann ich nicht in einer Unterarmtasche zu einer Modenschau mitnehmen und auf Reisen kann eine sperrige Kamera eine echte Spaßbremse sein. Und für Aufnahmen der täglichen unerwarteten zauberhaften Ad-hoc-Momente, die fotografiert werden wollen, eignet sie sich gar nicht. Das passiert dann eben in einer »Nimm-dein-Handy-und-los-geht's-Welt«, daher kann ich nur raten, sie auch als solche zu akzeptieren.

Es gibt jede Menge hochgezüchteter Foto-Apps, die ihr herunterladen könnt, um die Standardfunktionen eurer Handykamera zu verbessern (Camera+ ist eine davon). Ich nutze meine iPhone-Standardkamera und alle darin enthaltenen verschiedenen Funktionen (siehe unten).

Es gibt einige Grundfunktionen und -features der Handykameras, die zu euren neuen besten Freunden werden sollten, unabhängig von der Art Foto, die ihr aufnehmt (siehe nächste Seite).

TIME-LAPSE

Ein Videomodus, der die Bilder schneller abspielt.

ZEITLUPE

Der sehr viel langsamere, trägere Verwandte des Zeitraffers.

VIDEO

Eine normale Aufnahme bewegter Bilder.

PHOTO

Euer Bild im Standard-Seitenverhältnis 4:3. Bilder in diesem Seitenverhältnis könnt ihr auf Instagram posten (Stand 2016).

QUADRAT

Früher konnte man auf Insta nur quadratische Fotos posten. Die App schnitt die Fotos automatisch zu, ohne dass man eine Größenanpassung vornehmen musste.

PANORAMA

Wenn ihr auf einer geraden Linie steht, könnt ihr mit dem Handy coole Panoramafotos aufnehmen. Leider passen sie nicht wirklich auf Instagram. Fantastisch sind sie trotzdem.

GITTER

Unabhängig vom Betriebs-
system hat eure Handykamera ein Gitter, das äußerst
wichtig ist, um Fotos mit
geraden Linien aufzunehmen
(Fotos mit schiefen Linien
sind mein absoluter Alb-
traum). Auf Samsung-Geräten
findet ihr das Gitter, wenn
ihr die Kamera einschaltet,
auf »Einstellungen« geht
und nach unten scrollt, bis
ihr »Gitterlinien« findet.
Achtet darauf, dass sie
aktiviert sind. Bei einem
iPhone oder iPad geht ihr
auf »Einstellungen« und
scrollt nach unten zu »Fotos & Kamera«. Dann scrollt
ihr nach unten zu »Gitter«
und aktiviert es. Nun könnt
ihr eure beabsichtigten
Bilder in dem Gitter aus-
richten, damit die Aufnahme
schön gerade ist (auf die
praktischen Grundlagen der
Bildkomposition kommen wir
später). Dies wird eure Fotos verändern, glaubt mir.

AUTOFOKUS & AUTOFOKUS-SPERRE

Dieses wichtige Feature
erlaubt es euch, eure Handykamera auf euer Motiv zu
richten und das Display so
lange anzutippen, bis ihr
die gewünschte Bildschärfe
erreicht habt. Ein einfa-
ches Antippen zum Fokussie-
ren ist prima, wenn sich
das Motiv nicht bewegt.
Aber glaubt jemandem, der
versucht hat (und dabei öfter gescheitert ist), Models
zu fotografieren, die über
den Laufsteg schweben: Es
ist schwer, von einem sich
bewegenden Motiv ein scharfes Bild zu machen. Die Lö-
sung? Autofokus-Sperre. Anstatt nach dem Starten der
Kamera kurz das Display des
iPhones oder iPads anzutippen, haltet ihr den Finger
etwa zwei Sekunden lang gedrückt. Dann seht ihr einen
gelben Balken erscheinen,
die AE/AF-Sperre. Bei einem
Samsung ist es ähnlich:
Haltet den Finger gedrückt
und wartet, bis das Icon
für »Sperre« erscheint.
Und, voilà. Scharfe Fotos,
komme, was wolle.

BELICHTUNGS-ANPASSUNG

Wenn ihr ein iPhone oder
iPad habt, wisst ihr vielleicht schon, dass ihr,
sobald die Kamera einge-
schaltet ist, einen hellen
Teil des Bildes antippen
könnt, um das Bild dunk-
ler zu machen, oder einen
dunklen Teil des Motivs,
um ihn heller zu machen
(ihr könnt den Finger auch
auf- und abbewegen, um das
Bild heller oder dunkler
zu machen — ein wertvoller
Trick, den vielleicht nicht
jeder kennt. Ihr macht das,
wenn das Icon einer klei-
nen Sonne auftaucht). Im
Folgenden werdet ihr noch
erfahren, dass man ein zu
dunkles Foto viel leichter
korrigieren kann als ein
blasses und zu helles Foto
(und ich mag helle Bilder),
also nutzt die Vorteile der
Belichtungsfunktionen, die
euch zur Verfügung stehen.

Was gehört in den Benutzernamen:
Den Benutzernamen klug wählen

Euer Instagram-Benutzername ist eure Visitenkarte – der öffentlich sichtbare Name, der oben in eurem Profil erscheint und der Welt euer persönliches oder sonstiges Markenzeichen deutlich verkündet. Ihr wollt beim Foto einer Freundin einen Kommentar hinterlassen? Anhand des Benutzernamens weiß sie, von wem der Kommentar stammt. Ihr plant, einem potenziellen Kunden eine Direktnachricht zu schicken? Euer Benutzername ist das, was der Kunde in seinem Posteingang sieht. Wenn ihr wollt, könnt ihr diesen Benutzernamen auf eurer Visitenkarte, in der E-Mail-Signatur und auf eurer Website verwenden, um Aufmerksamkeit (und potenzielle Follower) zu gewinnen. Ihr könnt ihn auch zu eurem Online-Datingprofil hinzufügen, sodass potenzielle Märchenprinzen eure süßen Selfies finden.

Die Wahl eines soliden Benutzernamens ist kein Hexenwerk, ein paar Dinge sollte man dabei jedoch bedenken (zum Glück kann man den Benutzernamen auf Instagram bei Bedarf wieder ändern, was jedoch nicht heißt, dass ihr nicht von Anfang an etwas Gutes aussuchen solltet). Die beste Option bei der Erstellung eines Instagram-Benutzernamens ist, euren persönlichen Namen zu verwenden. Mein Benutzername ist @ songofstyle – der Name meines Blogs –, während sich meine Schwester Dani für @songdani entschieden hat, also ihren Vornamen an den Familiennamen gehängt hat. Unsere Produktlinie Two Songs hat den Benutzernamen @ shoptwosongs, was man sich leicht merken kann und was zudem den Vorteil hat, unsere Follower an etwas zu erinnern – ans Einkaufen, woran sonst.

Und die erwähnten 300 Millionen Nutzer? Viele verwenden ebenfalls ihren persönlichen Namen, es bleiben also nicht unendlich viele Optionen – insbesondere, wenn man versucht, einen häufig vorkommenden Eigennamen zu verwenden.

EIN PAAR MÖGLICHKEITEN RUND UM DEN NAMEN

Den mittleren Namen dazunehmen. Model und Schauspielerin Dree Hemingway verwendet ihren zweiten Vornamen *@dreelouisehemingway*; Mode DJane Harley Viera-Newton hat den Anfangsbuchstaben des ersten Teils ihres zweiteiligen Nachnamens dazugenommen: *@harleyvnewton*.

Anfangsbuchstaben mit ins Spiel bringen. Designer Christian Siriano ist *@csiriano*; Schauspielerin und Modebloggerin Jamie Chung ist *@jamiejchung*.

Vor den Namen ein »the« hängen. Es ist eigentlich nicht sein echter Name, aber die Insta-Sensation Josh Ostrovsky verwendet den Künstlernamen *@thefatjewish*.

Das Wort »real« vor oder hinter den Namen setzen – auch wenn ihr nicht berühmt seid (Supermodel Caroline Trentini – *@trentinireal* – ist ein Beispiel hierfür).

Ein »its« oder »I am« vor den Namen streuen – nach Art des Designers und Kreativchefs von Moschino, Jeremy Scott (*@itsjeremyscott*) und wie der Moderator von E!News Catt Sadler (*@iamcattsadler*).

Den Namen abkürzen oder einen Beinamen verwenden. Julianne Hough aus *Dancing with the Stars* beispielsweise ist *@juleshough*.

Den Wohnort einfügen. Designer Alexander Wang ist *@alexanderwangny*.

Wie wäre es mit einem Höflichkeitstitel? Lea Michele aus der Serie *Glee* ist *@msleamichele*.

Bist du Autorin? Designerin? Rechtsanwältin? Dann füge deinen Beruf in den Benutzernamen ein. Und wenn du derzeit nicht in deinem Beruf aktiv bist, beschreibe dich so, wie du gerne gesehen werden möchtest (keine glatte Lüge, aber eine kleine Verdrehung der Tatsachen tut keinem weh – das Einmaleins des Marketings). Justin Biebers Stylistin Karla Welch ist *@karlawelchstylist* und Anne Hathaways Stylistin Penny Lovell ist *@pennylovellstylist*.

Wenn du deinen persönlichen Namen nicht verwenden willst, stell dir deinen Insta-Account als Portfolio vor und frage dich, was deine Marke vermitteln soll. Überlege dir Synonyme und Worte in anderen Sprachen, die für dich eine Bedeutung haben, um etwas zu finden, was einprägsam und cool klingt.

Du kannst auch einen Unterstrich einfügen, der es tatsächlich erleichtert, den Benutzernamen zu lesen. Ein Unterstrich ist okay (@aimee_song), ich würde aber davon abraten, mehrere einzufügen (@aimee_song_of_style), weil der Name so mit der Instagram-Funktion »Suchen und Erforschen« schwieriger zu finden ist.

Auch Zahlen sollten bei der Erstellung des Benutzernamens vermieden werden. Die Leute vergessen Zahlen und diese verkomplizieren alles – genau wie ein doppelter_Unterstrich_. Du willst ja etwas Einfaches und Einprägsames finden – insbesondere, wenn du planst, dein Insta-Feed als Werbemedium für einen Laden, eine Geschäftsidee, einen Blog oder Sonstiges zu nutzen, was Richtung Profi-Nutzung geht. Du hast auch genügend Wichtigeres zu tun, als künftigen Followern eine Rechtschreiblektion zu erteilen, also sorge dafür, dass alles schön einfach ist.

Leitfaden für das Folgen (Abonnieren) anderer Nutzer:
Leute, die ihr kennenlernen wollt

Instagram ist eine riesige Community, in der ihr Leute finden könnt, die euch emotional berühren, die gemeinsame Interessen teilen oder einfach coole Fotos von Dingen aufnehmen, die ihr sehen wollt (ein Reiseblogger beispielsweise, der auf Tahiti unterwegs ist, hebt meine Laune jeden Montagmorgen). Und nun, da ihr euren nagelneuen Account habt, müsst ihr tolle Leute finden, um euren Feed zu füllen, und ihr müsst euch aufmachen, wenn ihr euch darin zurechtfinden wollt.

Beginnen wir mit den Grundlagen. In der rechten oberen Ecke eures Insta-Profils seht ihr ein Zahnrad-Icon (oder drei Punkte übereinander, wenn ihr Android nutzt). Tippt es an, dann kommt ihr in den Bereich eures Accounts, wo ihr euer Profil bearbeiten, euer Passwort ändern und den Account privat schalten könnt (dazu später mehr). Hier könnt ihr auch eure Facebook-Freunde und E-Mail-Kontakte finden, denen ihr folgen

wollt. Ihr müsst der App den Zugriff auf eure Kontaktliste erlauben, dann könnt ihr euch herauspicken, wem ihr folgen wollt. Easy.

Die Funktion »Folgen« ist nicht für alle geeignet, denn sie listet die Kontakte eurer Accounts in anderen Social Media auf und das kann sich, mal ehrlich, ziemlich gruslig anfühlen (euer Date vom Schulabschlussball, mit dem ihr zufällig auf Facebook befreundet seid, muss nicht unbedingt Fotos aus eurem Erwachsenenleben nach der Schulzeit sehen). Dasselbe gilt für einen potenziellen Kunden, der irgendwo auf eurer Gmail-Liste steht (wobei die Fotos von eurem Frühjahrsurlaub in Mexiko für ein anderes Publikum sehr süß sind). **Randbemerkung:** Es ist sehr wichtig, sich darüber klar zu sein, dass online nichts mehr wirklich verschwindet, auch nicht, wenn ihr es löscht. Irgendwo hat irgendwer einen Screenshot davon, der euch verfolgen kann. Überlegt gut, was ihr ins Netz stellt, bevor ihr zur Tat schreitet, und achtet darauf, dass nichts Fragwürdiges dabei ist. Wenn ihr euch um einen neuen Job bewerbt, könnt ihr darauf wetten, dass die Personalabteilung euren Feed anschaut, also geht mit Bedacht vor.

Eine großartige Möglichkeit, interessante Accounts zu entdecken, ist die Instagram-Funktion »Suchen und Erforschen«. Tippt das Vergrößerungsglas unten in eurem Feed an, um zu sehen, welche Hashtags gerade im Trend sind (über Hashtags sprechen wir bald, keine Sorge), welche Foto-Themen Instagram kuratiert (Das Beste der New York Fashion Week, Herbst-Fußball und Trend-Orte sind nur drei Beispiele dafür), und eine Fülle an Fotos, von denen Instagram aufgrund eurer Follow- und Like-Historie meint, ihr könntet sie mögen (ihr müsst nicht ins Schwitzen kommen, wenn ihr noch keine Historie habt – die klugen Köpfe bei Insta schicken auf jeden Fall Vorschläge).

Sobald ihr herumtippt, werdet ihr Fotos finden, die euch so interessieren, dass ihr auch das dazugehörige Profil anschaut und folglich das Gitter (das sind die Kacheln, die den Fotostream eines Accounts bilden – auch hierzu später mehr), und ihr werdet euch in den Insta-Abgründen verlieren. Ihr könnt vorgeschlagenen Accounts folgen, wobei sich die Vorschläge an den Leuten orientieren, denen ihr bereits folgt. Einfach den Pfeil neben dem Button »abonnieren« oder »Abonnement« antippen.

Die beste Möglichkeit, großartige Accounts zu entdecken, ist, sich in der Community zu verlieren. Scrollt euch durch Profile, tippt zweimal, um Fotos zu »liken«, die euch gefallen (dies hilft, eure »Erforschen«-Seite mit Dingen zu füllen, die euch gefallen), und werft einen Blick auf die Accounts, denen Leute folgen, die ihr bewundert. Wenn ihr jemanden seht, der auf einem Foto, das euch gefällt, markiert oder getaggt ist (mit einem Tag fügt jemand, der etwas postet, einen Benutzernamen in eine Fotounterschrift oder das Foto selbst ein, wodurch man es antippen und damit finden kann), tippt darauf, um auch den Account dieser Person zu sehen. Und dann macht ihr alles wieder von vorne: den Fotostream dieser Person durchscrollen, herumsuchen und schauen, welchen Nutzern diese Person folgt. Das wiederholt ihr ein paar Mal (oder ein paar Dutzend Mal, je nachdem, wie sehr ihr euch in der Arbeit langweilt oder wie schlimm eure Schlaflosigkeit ist), um das, was ihr seht, in euren Feed einzupflegen und euren Geschmack zu entwickeln.

Die Nutzung von Geo-Tags: Ein Geo-Tag oder der Ort, wo ein Foto aufgenommen wurde, wird direkt unter dem Foto und unter dem Benutzernamen des Fotografen angegeben. Wenn ihr

den Geo-Tag antippt, seht ihr eine kleine Landkarte über einem Gitter, das auch alle anderen Fotos zeigt, die am selben Ort aufgenommen wurden. Super. Ich nutze dieses Feature sehr oft auf Reisen, um interessante Trendsetter und Kreative zu finden. Auf diese Weise entdecke ich die coolsten Restaurants, Kneipen und Geschäfte. Weiter unten werden wir noch darüber sprechen, wie ihr Instagram zu eurem persönlichen Stadtführer machen könnt. Aber für den Anfang könnt ihr mit der Geo-Tag-Funktion spielen, um euren Feed zu vergrößern und individuell zu gestalten.

Im Allgemeinen werdet ihr eure eigenen Fotos geotaggen und taggen – es ist der Weg, um die Bindungen zu verbessern. Inzwischen könnt ihr auf Insta auch in anderen Ländern geotaggen, egal, wo ihr gerade seid. Ihr könnt also ein Foto aus einer entlegenen Gegend latergrammen, während ihr schon wieder gemütlich daheim im Bett liegt.

Ich empfehle euch dringend, euch in den Instagram-Strudel zu stürzen und ihn zu erkunden – es ist die beste Möglichkeit, um Zeit totzuschlagen und eure Community aufzubauen. Um euch einen kleinen Vorsprung zu verschaffen, zeige ich euch auf der nächsten Seite ein paar meiner Favoriten.

MODE-INFLUENCER

@mija_mija
@chrisellelim
@alwaysjudging
@damselindior
@trevor_stuurman
@lucywilliams02
@shionat

FOOD-FOTOGRAFEN

@sonyayu
@_foodstories_
@anddicted
@livingthehealthychoice
@framboisejam
@lonijane
@nourishandevolve

PUBLIKATIONEN & WEBSITES

@voguemagazine
@whowhatwear
@forbes
@cntraveler
@goop
@detailsmag
@britishvogue
@refinery29
@voguerunway
@fastcompany
@vanityfair

ILLUSTRATO-REN

@timothygoodman
@_thelustlist_
@jasminedowling
@itsaliving

ANREGUNGEN FÜR INNEN-EINRICHTUNG

@mydomaine
@elledecor
@mrorlandosoria
@ryankorban
@kellywearstler
@onekingslane

REISE-INSPIRATIONEN

@cupofcouple
@tuulavintage
@vutheara
@zachspassport
@grantlegan
@hirozzzz
@shackette
@parisinfourmonths

SOCIAL MEDIA-GURUS

@amy_stone
@lucylaucht
@cubbygraham
@brandonosorio
@christenebarberich
@laneycrowell

MARKEN

@madewell1937
@mrporterlive
@chloe
@dvf
@michaelkors

Den ultimativen Fotostream erstellen

Nachdem ihr die Grundlagen für euren neuen Account nun gelegt habt, wird es Zeit, im nächsten Schritt kreativ zu werden und der Welt eure Bildergeschichte zu präsentieren. Wenn ein Foto so viel wert ist wie tausend Worte, dann ist ein Instagram-Fotostream eine Million Worte wert.

Wenn ich von einem Fotostream oder auch Grid spreche (*nicht* von dem Photoset-Grid, dem Gitter, das beim Fotografieren verwendet wird), meine ich die Kacheln, die euren Foto-Wasserfall bilden. Wenn ihr auf die Seite von eurem Account geht, scrollt ihr hinunter unter euer Profilfoto, den Benutzernamen und die Follower-Zahl und seht dort neun bis zwölf Fotos auf dem Display. Drei Fotos nebeneinander und drei oder vier übereinander. Das ist euer Grid, euer Fotostream. Ab jetzt denkt ihr in Neuner- oder Zwölfergruppen.

Euer Ziel ist, dass die neun oder zwölf quadratischen Fotos, die euren Grid bilden, eine fesselnde und zusammenhängende Geschichte erzählen. Das lässt sich auf verschiedene Arten erreichen: durch das Thema (bei einer Reise beispielsweise dokumentiert ihr den Anfang – das Packen/unterwegs – in der Mitte die Ankunft und den Aufenthalt und zum Schluss das Ende, sodass eine komplette Geschichte entsteht); durch den Filtertyp (laut der digitalen Marketingfirma TrackMaven sind Lo-Fi, X-Pro II und Valencia die beliebtesten Filter, euer Feed wird verdammt gut aussehen, wenn ihr nur einen davon verwendet, auch wenn ich persönlich es häufig vorziehe, gar keinen Filter zu verwenden, sondern nur die Bilder selbst aufzuhellen, die Schärfe zu verbessern oder etwas hervorzuheben); durch das Farbschema (manche Leute fotografieren nur in Schwarz-Weiß oder in einheitlich sanften ausgewaschenen Farbtönen; ein Schwarz-Weiß-Feed mit gelegentlichen Farbtupfern wirkt auch schick) oder durch die Maße (ihr könnt um jedes Foto einen weißen Rand lassen für einen einheitlichen und ausgefeilten Look).

Die meisten Leute meinen, bei Instagram drehe sich alles um Wahrnehmung (ihr bekommt das, was ihr seht), aber es ist so viel mehr als das. Auf Insta kann sich eine Community bilden, in der kreative Leute zusammenkommen, um ihre Erfahrungen miteinander zu teilen. Bei manchen hat Instagram einen schlechten Ruf, weil es heißt, dass die Leute letztlich nur zeigen, was sie haben. Insta kann aber auch eine Plattform sein, auf der sich Leute versammeln und sich gegenseitig inspirieren.

Manche Vorgehensweisen verlangen mehr Disziplin als andere. Und ihr werdet in diesem Buch oft von mir hören, dass nicht alle, die schnelle Schnappschüsse teilen möchten, viel Zeit in ihren Fotostream investieren wollen. Ich denke auch nicht ständig über mein Grid nach und das ist absolut in Ordnung.

Für alle anderen habe ich einen Tipp, der den Ton und die Richtung für einen Feed vorgibt: Formuliert einen Leitspruch. Dieser wird der grundlegende Empfindlichkeitsmesser und Maßstab für eure Fotos. Ihr werdet vielleicht fragen, was ein Leitspruch ist? Das ist ein einfacher Einzeiler, der definiert, warum ihr in erster Linie euren Instagram-Feed habt und was ihr damit erreichen wollt. Der Leitspruch für @songofstyle ist, »mich mit Menschen in aller Welt zu vernetzen und sie zu inspirieren durch Fotografie, Schönheit und Leidenschaften, ob das nun durch Essen, Lifestyle, Mode und so weiter passiert.«

Ihr könnt euren Leitspruch beliebig wählen, ihr werdet jedoch für das, was ihr erschafft und teilt, nur dann die größte Begeisterung aufbringen, wenn er sich authentisch anfühlt und zu dem passt, was ihr im Leben am meisten liebt. Wenn ihr Instagram als Plattform für eure Geschäfte nutzt, wird der Fokus des Leitspruchs eher auf der beruflichen Seite liegen. Vielleicht hast du gerade eine neue Schmuckkollektion herausgebracht und es ist dein Anliegen, deine Follower durch die großartigen Fotos von den Schmuckstücken zu geleiten und sie letztlich in Besucher deiner Internethandel-Webseite zu verwandeln (wo sie dann einkaufen können). Vielleicht bist du völlig verrückt nach Pizza und siehst es als deine Mission an, Follower dahin zu bringen, dass sie sich bei allem, vom richtigen Käse bis zur Teigzubereitung, auf dich verlassen. Oder du bist Illustratorin und möchtest, dass dir deine Zeichnungen hochwertige Jobs einbringen (in diesem Fall empfehle ich dir zu überlegen, welche Art von Job du suchst und dann deinen Feed entsprechend zu pflegen, indem du einen spezifischen Stil zeigst und die Marken mit Tags markierst, für die du letztlich arbeiten möchtest).

Egal wie eure Mission aussieht, schreibt sie auf und zeigt sie. Jedes Mal, wenn ihr dabei seid, ein Foto auf eurem Account zu posten, fragt euch, ob es zu eurem Leitspruch passt oder nicht. Betrachtet diesen wie eine Art Business-Plan, der euch immer an die Geschichte erinnert, die ihr erzählt.

Ein weiterer wichtiger Punkt: Der Durchschnittsmensch hat die Aufmerksamkeitsspanne eines Goldfisches.Ich weiß nicht, wie das bei euch ist, aber ich weiß, dass mich Dinge wirklich ziemlich schnell langweilen. Würdet ihr es interessant finden, einen Fotostream anzuschauen, der in zwölf Quadraten jeweils dasselbe Selfie mit Schnute zeigt? Wahrscheinlich nicht. Versucht daher, bei euren Foto-Posts – wie bereits weiter oben gesagt – in Zwölfergruppen zu denken. Wenn ihr in einem Quadrat ein Foto von einem Lebensmittel habt, zeigt im nächsten Quadrat etwas anderes – vielleicht ein Outfit. Anschließend vielleicht ein paar fantastische Blumen, die ihr im Park gesehen habt. Als Nächstes könntet ihr Armschmuck zeigen, gefolgt von einem Sonnenuntergang. Wenn ihr drei Fotos gepostet habt und in die nächste Reihe eures Grids kommt, könnt ihr ohne Scheu auch ein Selfie rauslassen.

Zuletzt prüft ihr, wie jedes Foto im Verhältnis zu seinen Nachbarbildern daneben, darüber, darunter oder diagonal wirkt. Die Bilder sollten einen gewissen Fluss haben. Vielleicht wollt ihr euer Grid in Pastellschattierungen gestalten oder von Schwarz über Grau und Silber zu Pink wechseln und dann Blau-, Rot- und Orangetöne anschließen (einigen Instagram-Artikeln zufolge, die ich gelesen habe, sollen Blautöne angeblich immer besser wirken als Rottöne).

Zusammenfassung: Wechselt den Bildertyp ab, den ihr postet, um immer eine Geschichte zu erzählen (bezieht euch eventuell auf frühere Posts, damit die Leute diese anschauen und bei der Sache bleiben), achtet darauf, dass die Farben harmonieren, fühlt euch eurem Leitspruch verpflichtet.

Befolgt diese Grundlagen, dann erreicht ihr Instagold-Niveau.

Nun seid ihr
an der Reihe

Es folgen noch so viele Details zu guten Fotos, dass ihr versucht sein werdet, diese zuerst zu lesen; um aber zu wissen, wie man ein Foto überhaupt postet, hierzu erst die Grundlage. Öffnet Instagram und macht Folgendes:

- Tippt auf das +-Symbol unten in der Mitte der Aktionsleiste des Displays — es befindet sich zwischen dem Vergrößerungsglas »Suche« und einer kleinen Chat-Sprechblase mit einem Herz darin (mehr dazu später).

- Gebt der App die Erlaubnis, auf eure Foto-Bibliothek zuzugreifen, damit ihr alle Fotos sehen könnt, die auf eurem Smartphone gespeichert sind. Ihr könnt auf Instagram auch hin- und herspringen zwischen der Aufnahme eines Fotos und eines Videos. Tippt ein Foto an (nicht vergessen, es ist nur ein Test).

- Zoomt euer Bild, um das Format zu verändern. Soll es die Originalgröße bekommen? Tippt auf die Pfeile in der unteren linken Ecke des Fotos. Habt ihr Interesse daran, aus mehreren Fotos eine Collage zu erstellen? Ladet »Layout« herunter, die kostenlose Lay-out-App von Instagram, und tippt unten rechts in der Ecke von eurem Bild auf das Mehrgrößenquadrat. Sobald euer Foto wunschgemäß gezoomt und dimensioniert ist, auf »Weiter« tippen.

- Jetzt kommt der amüsante Teil: Filter. Ihr seht eine Reihe von Optionen, darunter Mayfair, Valencia und Rise, drei Filter, die das Aussehen eurer Bilder auf wirklich interessante Weise verändern. Ich persönlich verwende diese Filter nicht, aber dazu später mehr.

- Wenn euer Foto die gewünschte Größe und den gewünschten Filter erhalten hat, »Weiter« antippen. Schreibt eine witzige Bildunterschrift, bei der selbst @thefatjewish erröten würde und — wenn dies kein Test wäre — würdet ihr nun das Foto teilen, voilà.

In den nächsten Kapiteln beschäftigen wir uns mit den applikationsinternen Aspekten — wie der Fotobearbeitung mit Instagram-Tools, dem Geotaggen, Hashtaggen und Markieren ganz allgemein.

2

ZEIGE DEINEN STYLE

45-117

Es geht los: *Fotoaufbau für Fashion-Events und mehr*

Wie bereits erwähnt, ist ein Grund, warum ich täglich auf Instagram poste, dass ein Foto es möglich machen kann, das Gefühl eines besonderen Augenblicks in meinem Leben heraufzubeschwören, den ich in Erinnerung behalten und teilen will. Am wirksamsten geht das mit einem Foto, das nicht völlig missraten ist.

Ob ich auf der Geburtstagsparty meiner Schwester bin, ein Selfie aufnehme, das eine coole Kette zeigt, die eine meiner Freundinnen gemacht hat, oder versuche, einen schönen Fund vom Flohmarkt in meinem Wohnzimmer im Bild festzuhalten, die Fotografie wird nur im Auge des Betrachters Kunst. Dennoch gibt es ein paar Grundregeln für die Bildkomposition und das Bearbeiten (ja, Bearbeiten – das ist kein böses Wort!) von Fotos, die für ein tolles Bild (und Likes, die man dafür bekommt) unabhängig vom Anlass allgemeingültig sind.

Als ich die Schule für Innenarchitektur & Design besuchte, hörte ich eine Vorlesung, die sich *Sacred Geometry* nannte und sich auf Leonardo da Vinci und seine Anwendung mathematischer Formeln auf seine Arbeit konzentrierte. Ich lernte, dass da Vinci bei seinen Meisterwerken den Goldenen Schnitt berücksichtigte. Ohne zu sehr ins Detail gehen zu wollen, besagt diese Lehre vom Goldenen Schnitt im Wesentlichen, dass das Platzieren eines Motivs leicht neben der Mitte in einem Bild wünschenswerter ist als genau in der Mitte (den bedeutenden Malern der Renaissance haben wir die Erkenntnis zu verdanken, dass das menschliche Auge von Natur aus gerne umherschweift). Ich stelle mich nie genau in die Mitte eines Fotos, es sei denn, ich bin der Ansicht, dies sei die beste Aufnahmemöglichkeit (beispielsweise ist eine Reihe ausgefallener Sonnenbrillen, die in der Mitte vor einem weißen Hintergrund aufgereiht sind, ausgewogen, symmetrisch und sieht einfach gut aus). Es mag sich anfangs merkwürdig anfühlen, Bilder aufzunehmen, die nicht ausgewogen zu sein scheinen. Aber ich verspreche euch, das wird in kürzester Zeit zu eurer zweiten Natur. Ihr werdet eure Komfortzone verlassen und mit eurer Kamera merkwürdige, interessante Dinge tun (zum Beispiel abstrakte Wirkungen erzielen, aus ungewöhnlichen Blickwinkeln fotografieren, den Fokus in die Ecke eines Quadrats verlegen und ähnliche Dinge, so wie die Kunststudenten).

Eines der bekanntesten Grundprinzipien in der Fotografie, das da Vincis Weisheit berücksichtigt, ist die Drittel-Regel. Dabei erweist sich das Gitter beim Fotografieren mit eurem Smartphone als überaus praktisch.

Das Gitter unterteilt das Fotodisplay in neun Teile. Wenn ihr die interessanten Punkte eures Motivs auf den Schnittpunkten des Gitters oder an dessen Linien platziert, wird das Foto für das Auge gefälliger.

Ihr sollt euch aber auch nicht damit verrückt machen, eure Motive auf die Linien zu zwingen. Regeln sind schließlich dazu da, gebrochen zu werden (außerdem wird es schwierig, einen flüchtigen Moment einfangen zu wollen, wenn man fünf Minuten braucht, um die Proportionen »richtig« hinzubekommen). Sollte ein Foto tatsächlich nicht richtig wirken, könnt ihr es später noch bearbeiten und zuschneiden. Die Drittel-Regel ist lediglich ein tolles Werkzeug, das ihr im Kopf haben solltet. Mir hat es geholfen, einige Fotos aufzunehmen, für die ich die meisten Likes überhaupt erhalten habe.

Natürlich könnt ihr euch noch mehr in die Theorien der Bildkomposition vertiefen (die Gestalttheorie der Vereinfachung lohnt eine Internet-Recherche, wenn ihr mehr dazu lesen wollt). Ohne jedoch zu lehrbuchhaft werden zu wollen, nachfolgend ein paar einfache Hinweise, mit deren Hilfe ihr zu einer großartigen Bildkomposition gelangen könnt:

Die Horizontlinie immer an die richtige Stelle setzen. Landschaften sehen meist besser aus, wenn ihr die Horizontlinie – also die waagrechte Linie auf Augenhöhe des Betrachters (oder anders gesagt, wo Wasser und Himmel am Strand aufeinandertreffen) – etwas höher oder etwas tiefer als in der Mitte eures Fotos platziert.

Muster und Struktur des Bildfelds. Wenn ihr euch lange genug auf Instagram umgeschaut habt, seid ihr vermutlich auf mehr als ein Foto von

1 2 3
 4 5

1   Ich hatte es eilig und es gab nur wenige Auswahlmöglichkeiten für den Hintergrund, daher entschied ich mich für ähnlich gedeckte Farbtöne wie bei meinem Outfit mit einem zusätzlichen Farbklecks.

2   Ich fand dieses interessante architektonische Element und wollte die Bewegung meiner Fransenjacke zeigen, daher ließ ich dieses Foto beim Gehen aufnehmen.

3   Ein einfacher Boden ist der perfekte Hintergrund für diese auffälligen coolen Schuhe.

4   Ich liebe Blumen und außerdem eignen sie sich für hübsche Fotos. Zufälligerweise passten meine Sandalen genau zu dem Strauß!

5   In Florenz sind immer viele Touristen unterwegs und es ist fast unmöglich, ein Foto aufzunehmen, auf dem kein Tourist zu sehen ist. Ich habe daher versucht, einen weniger belebten Ort zu finden, was frühmorgens sehr viel einfacher ist.

1 2 3
4 5

1   Ein geometrisches Fliesenmuster mit verschiedenen Farbtönen bringt meine flachen Schuhe zur Geltung.

2   Ein Schnappschuss von uns Schwestern in NYC.

3   Dieses lässige Outfit wird durch die Ziegelwand im Hintergrund besser ergänzt als durch ein eleganteres Setting.

4   Einfach auf den Punkt gebracht – hier dreht sich alles um das Kleid und die Blumen.

5   Dieses Foto wirkt, weil die Sonnenbrille echt cool ist, genau wie mein Armschmuck. Ein doppelter Bonus also für den tollen Hintergrund und die ungewöhnliche Perspektive.

hübschen Schuhen auf coolen Kacheln gestoßen (eines meiner Lieblingsmotive auf Instagram). Neben den offensichtlichen Mustern auf Fliesen und Tapeten verbergen sich überall irgendwelche Muster. Die Federn eines Tieres beispielsweise. Oder eine Reihe Rosensträuße oder die Ziegel eines Gebäudes. Wenn ihr eure nutzbare Bildfläche mit Details eures Motivs füllt, könnt ihr eine interessante Musterkomposition kreieren. Verschiedene Strukturen wirken ebenfalls – eine selbst zusammengestellte Käseplatte kann auf dem Holzmuster eines Schneidbretts aus der

Küche zu einer stimmigen und lebendigen Komposition werden (dabei etwas Rohkost-Dekoration nicht vergessen).

Die Linien immer gut ausrichten. In der Fotografie sind die »Führungslinien« die richtungsweisenden Elemente in einem Bild, die das Auge des Betrachters über ein Foto leiten, um Distanz zu vermitteln. Stellt euch eine Straße vor, die unten im Bild breit ist und dann schmaler wird, da sie scheinbar nach oben führt und schließlich verschwindet (euer Auge wird ganz von selbst auf dieser Straße entlang zum Ende wandern). Diese Methode funktioniert mit allen Arten von Linien – nicht nur mit Straßen. Wenn ihr ein Foto aufnehmen wollt, schaut euch das Motiv und die Umgebung an, die ihr aufnehmen wollt, und überlegt, wo euer Blick ganz von selbst hängen bleibt. Richtet sich der Blick sofort gezielt auf eine bunte Tür? Auf eine Parkbank mit interessantem Graffiti? Auf einen Oldtimer, der am Straßenrand parkt? Achtet auf Lampenmasten, Liegestühle oder andere aufgereihte Objekte oder auch Brücken, Küstenlinien und sogar die Sonnenstrahlen. Nachdem ihr erkannt habt, welche Linie am meisten hervorsticht, baut ihr eure Aufnahme so auf, als würde diese Linie vom Vordergrund in den Hintergrund eures Fotos verlaufen – entweder beginnend in einer unteren Ecke und nach oben verlaufend oder beginnend in einer oberen Ecke und nach unten verlaufend.

Hochformat oder Querformat. Die Entscheidung ist wirklich einfach. Bei einem breiten Motiv und wenn ihr nicht zehn Meter zurücktreten wollt, um alles auf euer Bild zu bekommen, macht ihr eine Aufnahme im Querformat. Wenn ihr etwas Hohes und Schmales aufnehmen wollt (wie wäre es mit dem Eiffelturm?), wählt ihr Hochformat. Achtet wieder darauf, wohin euer Blick ganz von selbst wandert (nach vorne und hinten oder nach oben und unten) und entscheidet nach Bauchgefühl, welches Format sich für ein spezielles Motiv am besten eignet.

Von den Meistern lernen. Ich blättere gerne Fotobücher durch, um mich anregen zu lassen. Ich möchte niemanden kopieren, aber ich komme immer auf neue Ideen durch die Kultarbeiten von Horst P. Horst, Helmut Newton, Herb Ritts, Richard Avedon, Miles Aldridge, Slim Aarons, Inez und Vinoodh ... und viele weitere. Fotobücher (und Ausstellungen) sind großartige Möglichkeiten, fototechnisch dazuzulernen und den Profis Ehre zu erweisen.

Fotos bearbeiten
(und mit welchen Apps)

Wenn auf einer Party die Rede auf Instagram kommt, ist das Wörtchen bearbeiten häufig das Tabuthema, über das niemand sprechen will. Natürlich können Bearbeitungstools missbraucht werden (es ist für niemanden gut, wenn ihr euch schlanker aussehen lasst), setzt man sie jedoch richtig ein, können sie gute Fotos in Fotos verwandeln, die einen Double Tap verdienen. Ihr müsst euch oder eure Fotos nicht so stark verändern, dass man euch und sie nicht wiedererkennt (Authentizität ist sehr viel besser als ständig mit der Bearbeitungsapp herumzuspielen). Nutzt diese Tools eher, um Schärfe, Farbsättigung, Helligkeit und weitere technische Elemente zu verbessern, die ein Amateurfoto sofort profimäßig aussehen lassen.

Versteht mich bitte nicht falsch – ich breche diese Regel selbst, beispielsweise wenn meine Kleidung verknittert ist, ich in einer Haltung stehe, die auf dem Foto unvorteilhaft wirkt, oder wenn ich in einer Hose stecke, die so eng ist,

dass man mehr sieht, als mir lieb ist. Wenn es sinnvoll ist, korrigiere ich einiges davon leicht mit Bearbeitungsapps (die Betonung liegt hier auf leicht). Ich halte nichts davon, diese Apps dazu zu verwenden, Gesicht oder Körper völlig zu verändern. Doch wenn Fotos unvorteilhafte Elemente enthalten, kann man die bearbeiten, um sich im bestmöglichen Licht zu präsentieren (das Korrigieren von »Schönheitsfehlern« ist nicht nur solchen im Gesicht vorbehalten. Zigarettenstummel auf der Straße oder irgendwelcher Müll lassen sich im Interesse eines besseren Fotos auch wegbearbeiten).

Ich verwende drei Apps – Snapseed, VSCO Cam und das bei Bloggern bevorzugte Facetune – plus Instagrams eigenes Bearbeitungstool für die Zauberei bei der Nachbearbeitung. Werden Bearbeitungstools mit Bedacht angewendet, wirken sie wie die Nachbearbeitung eines Zeitschriften-Shootings oder das Posten eines Blogbeitrags. Für den Bearbeitungsvorgang an sich lohnt es sich, viel Zeit und Energie hineinzustecken. Ich habe ein ziemlich straff organisiertes Bearbeitungskonzept: Wenn es um Helligkeit und Kontrast geht, beginne ich mit Snapseed, für unerwünschte Falten in der Kleidung oder um Akne zu verstecken, nehme ich Facetune und anschließend verwende ich VSCO Cam für einen sehr sehr leichten Filter, damit die Bilder meines Fotostreams alle einheitlich aussehen (mehr dazu auf Seite 55).

Bevor ich jedoch mit der Feinarbeit beginne, bringe ich mein Foto auf die für Instagram erforderlichen quadratischen Maße (man nennt das »Cropping« oder »Zuschneiden«). Zuschneiden bedeutet nicht unbedingt, etwas von einem Bild wegschneiden zu müssen (auch wenn ein lästiger Tourist, ein störender Schatten oder eine verknitterte Tischdecke, die den Rand eines Essensfotos ruiniert, für die Schere freigegeben sind), sondern hilft, mit dem im Handy enthaltenen Zuschneidetool den Teil des Bildes herauszugreifen, den ihr posten wollt.

Ich verwende beispielsweise nicht gerne den Kamerazoom. Ich finde, er verzerrt die Bilder und lässt die Dinge verschwommen und seltsam aussehen. Anstatt daher beispielsweise Flatlays von meinen liebsten Schönheitsprodukten zu zoomen, um alles aufs Bild zu bekommen, nehme

ich das Bild lieber aus etwas größerem Abstand auf (50 cm Höhe ist für den Anfang gut, je nachdem, wie viel auf dem Bild zu sehen sein soll) und schneide später die überflüssigen Ränder weg.

Euer iPhone verfügt über ein Bearbeitungstool, das für diesen Zweck geeignet ist. Öffnet euer Foto, tippt unten auf dem Display auf Bearbeiten und tippt das Icon neben dem Löschen-Button an, das aussieht wie zwei rotierende halbe Quadrate, die sich überschneiden. Schneidet das Foto so zu, dass das Motiv, das ihr posten wollt, das Quadrat ausfüllt.

Cropping eignet sich sehr gut für Food-Fotos, Flatlays und Details, die scharf und deutlich zu sehen sein sollen (was nicht ideal beim Zoomen ist). Wenn ihr euer Bild lieber zuerst bearbeitet und dann zuschneidet, hat Instagram ein applikationsinternes Crop-Tool, das ebenfalls Wunder wirkt, genau wie die Bearbeitungs-Apps, die ich nachfolgend bespreche.

Auf den folgenden Seiten erfahrt ihr genauer, wie ich Fotos bearbeite.

1

SNAPSEED

Zur Verbesserung von Helligkeit, Kontrast, Schattierungen und Farbsättigung. Was mir bei dieser App am besten gefällt, ist das praktische Tool »Selektives Anpassen«, mit dem ihr spezielle Bereiche eines Fotos aufhellen, sättigen oder »entsättigen« könnt. Wenn ihr beispielsweise einen hübschen Blumenstrauß in der Hand haltet, könnt ihr nur die Blüten auswählen und deren Farbsättigung verstärken. Dies ist auch superhilfreich bei einem Foto, das ungleichmäßig ausgeleuchtet ist und an bestimmten Stellen aufgehellt werden muss. Ich verwende die Kontrastkorrektur nur sparsam, damit meine Fotos nicht unecht und grieselig wirken, wie dies bei zu starken Kontrasten der Fall ist.

Es gibt auch ein Feature, das sich »Transform« nennt und mit dem die Perspektive entlang der vertikalen oder horizontalen Achsen angepasst werden kann und sich ein Bild auch drehen lässt.

2

FACETUNE

Sobald das Foto hell und klar ist, importiert ihr es auf Facetune. Diese App ist von ihren Funktionen her ähnlich wie Photoshop, daher ist es verlockend, in die Falle zu tappen und beispielsweise einem Gesicht eine Porzellanhaut zu geben, den Busen größer, die Taille schmaler zu machen und auch sonst alles zu verändern, was Sache des Schönheitschirurgen ist. Um es noch einmal zu sagen, es ist euer Feed und ihr könnt mit euren Fotos natürlich machen, was ihr wollt, aber ich ziehe es bei meinen Fotos vor, echt und authentisch zu bleiben, daher verwende ich den Weichzeichner von Facetune nur, um die größten Pickel oder unvorteilhaftesten Körperansichten zu mildern (wie die zuvor bereits erwähnte enge Hose, die zuviel zeigt oder durchsichtige Blusen, die meinen Vater erröten lassen würden) oder deutliche Falten in der Kleidung zu glätten, die dem Bügeleisen entgangen sind. Das Reparatur-Tool dieser App eignet sich auch perfekt, um Zigarettenkippen verschwinden zu lassen. Das Details-Tool – mein Favorit bei dieser App – bringt die Details bei Nahaufnahmen von Schmuck, Produkten oder vor einem architektonischen Hintergrund schön zur Geltung.

3

VSCO CAM

Diese App funktioniert wie eine eigene Kamera, die ich allerdings nicht benütze (wie in Kapitel 1 erwähnt, ziehe ich die Standardkamera meines iPhones vor). Ich liebe VSCO jedoch wegen der Sammlung sehr leichter klarer Filter. Ich verwende bei keinem meiner Fotos starke Filter und würde vor allem nie etwas anwenden, was die Fotos dramatisch verändert. Die VSCO-Filter sind mit einer Gleitskala ausgestattet, sodass man die Intensität der Filter verstärken oder abschwächen kann. Ich verwende für einige meiner Fotos einen speziellen VSCO-Filter in sehr geringer Stärke, damit mein Fotostream eine einheitliche Ästhetik erhält (ich mag es, wenn mein Feed trotz der verschiedenen Motive eine gewisse einheitliche Atmosphäre vermittelt). Eine weitere coole Sache bei VSCO ist, dass die App ein eigenes Grid-Feature hat. Damit bekommt ihr eine Testmöglichkeit, das heißt, ihr könnt euer Instagram-Grid planen, bevor ihr auf »Teilen« tippt.

4

BEARBEITUNGSTOOLS AUF INSTAGRAM

Instagram wird bei seinen applikationsinternen Bearbeitungsmöglichkeiten immer raffinierter. Ihr kommt zu diesen Tools, indem ihr auf das Schraubenschlüssel-Icon tippt, sobald ihr ein Foto ausgewählt habt, das ihr posten wollt. Es gibt ähnliche Tools wie in Snapseed, um Fotos aufzuhellen, die Farbsättigung zu erhöhen und stärkere Kontraste zu erreichen – daher könnt ihr, wenn ein unbearbeitetes Foto beinahe postfähig ist, Snapseed und Facetune ganz überspringen und direkt hierher gehen. Mein Lieblings-Bearbeitungstool auf Instagram ist das Anpassungs-Tool, mit dem ihr die Umrisse angleichen und ein perfekt gerades Foto erstellen könnt. Innerhalb dieses Anpassungs-Tools gibt es eine Proportionen-Funktion (ein weiterer Liebling von mir), um etwas zu korrigieren, das aussieht, als hätte man das Foto in einem Zerrspiegel aufgenommen.

1 2
3 4

1 Das Originalfoto wurde abends mit Kunstlicht aufgenommen, wodurch das Bild etwas gelbstichig und zu warm ist.

2 Ich habe das Foto mit Snapseed aufgehellt, den warmen Farbton reduziert und für mehr Kontrast gesorgt.

3 Mit der Details-Funktion von Facetune habe ich ausschließlich die Sonnenbrillen schärfer gezeichnet.

4 Ich habe einen leichten VSCO-Filter verwendet und das Bild so auf Instagram gepostet.

1 2
3 4

1 Das Originalfoto, das von meiner Assistentin an meinem Arbeitsplatz aufgenommen wurde. Achtet links auf den Kaffeebecher (nicht meiner), der zufällig dort stand.

2 Mit dem Reparatur-Tool von Facetune ließ ich den Kaffeebecher verschwinden.

3 Mit Snapseed habe ich das Foto aufgehellt, etwas Wärme herausgenommen und das Bild zugeschnitten.

4 Ich habe die Schärfe mit dem Schärfe-Tool von Instagram verbessert und das Foto gepostet.

1 Das Originalfoto, das ich an einem düsteren grauen Tag in London aufgenommen habe, brachte die hübsche rosa Tür eines Stadthauses nicht ausreichend zur Geltung.

2 Mit dem Transform-Tool von Snapseed habe ich das Bild begradigt, sodass die Linien alle besser aufeinander ausgerichtet sind. Ich habe das Bild auch aufgehellt und ihm mehr Kontrast gegeben, damit die Farben besser ins Auge springen.

3 Bei VSCO Cam fand ich einen Filter, der einen Hauch von Rosa über das Foto legte, sodass es dem tatsächlichen Aussehen der Tür und des Gebäudes entsprach.

4 Ich habe die Schärfe des Fotos auf Instagram erhöht und die endgültige Version gepostet.

1 Das unbearbeitete Originalfoto.

2 Mit Snapseed habe ich das gesamte Bild aufgehellt, dann bestimmte Teilbereiche des Hintergrunds ausgewählt, die ich weiter aufgehellt habe, wobei ich unsere Hautfarbe unverändert ließ.

3 Mit einem VSCO Cam-Filter versehen habe ich das Bild auf Instagram gepostet.

Voilà! Nachträgliches Bearbeiten mag nach viel Arbeit klingen, aber ihr habt euch bereits die Zeit genommen, ein cooles Bild zu stylen und zusammenzustellen, warum also nicht eine kleine Extrabemühung, um es durch Feinarbeiten auf Profi-Niveau zu heben?

Ein Wort zu Schatten. Bei Instagram-Fotos kann das Wort Schatten schon beinahe ein Schimpfwort sein. Ihr wollt nicht, dass ein Schatten auf euer Gesicht fällt oder das Räucherlachs-Sandwich verdunkelt, das eigentlich eurem Brunch Glanz verleihen soll? Bei manchen Gelegenheiten sind Schatten geradezu bedrohlich – beispielsweise wenn jemand bei einer Tageslichtaufnahme neben euch steht und ihr nur dessen Schatten, nicht aber die Person selbst sehen könnt (fast eine »Fotobombe«), oder wenn ihr im Sonnenlicht steht und eure Nase einen zinkenförmigen Schatten über euer Gesicht wirft.

Bei richtiger Nutzung sind Schatten jedoch eine großartige Möglichkeit, ein Foto künstlerisch zu gestalten und den Zusammenhang zur Tageszeit des Posts herzustellen (Müsli und Morgensonne gefällig?).

Interessante Schatten können durch Jalousien und alle möglichen Fensterdekorationen erzeugt werden (denkt an Sonnenlicht, das durch die horizontalen Lamellen einer Jalousie ins Schlafzimmer fällt), ebenso durch Muster, die durch Licht entstehen, das durch die Blätter von Bäumen fällt (wer das Glück hat, in einem warmen Klima zu leben, findet insbesondere bei Palmblättern fantastische Muster) und sogar durch die Art, wie Sonnenstrahlen auf eure Schuhe oder Hose fallen.

Wie bei so vielem in der Fotografie gibt es kein Richtig oder Falsch für den Umgang mit Schatten – ihr müsst experimentieren, Spaß haben an euren Aufnahmen und fremdartige Lichtverhältnisse als Gelegenheit betrachten, kreativ zu werden.

Outfit-Fotos und Selfies:
So werden beide perfektioniert

Instagram ist zugleich natürlich und organisiert. Wenn ich versuche, echte, anregende Momente aus meinem Alltag zu zeigen, will ich sie doch auch bestmöglich präsentieren. Das heißt, ich überlege, was ich posten will und plane im Voraus. Jeden Tag poste ich mindestens ein Outfit-Foto (wenn es zäh geht).

Nach vielen Versuchen und Fehlern habe ich die Kunst perfektioniert, Outfits zu fotografieren (Selfies mit Nahaufnahmen von Schuhen, Armschmuck und Halsketten inbegriffen – es ist wichtig, auch Fotos von Accessoires zu beherrschen, denn die Leute wollen möglichst viele Details sehen). Meine Kleidung ist ein weiteres Mittel geworden, um meine Geschichte zu erzählen, meine Stimmung auszudrücken, meinen Terminplan für den Tag zu zeigen und darauf hinzuweisen, wo in der Welt ich mich gerade aufhalte. Ich achte immer darauf, dass zwischen meinem Outfit und der Landschaft Harmonie (oder ein absichtlicher Kontrast) herrscht. All das gehört dazu, um andere mit auf meine Reise zu nehmen.

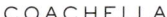

COACHELLA

Coachella verlangt nach Kleidung, die vom Boho-Stil beeinflusst und für ein entspanntes, aber stylishes Musikfestival angemessen ist.

L.A.

Geschniegelter Jeans-Look für ein Meeting in L.A.

PARIS

Nichts vermittelt die Romantik von
Paris besser als ein schönes Kleid.

MEXICO

Ein lässig-leichtes Folklore-Kleid
und einfache Sandalen sind bequem genug für Sightseeing und passen
perfekt ins mexikanische Ambiente.

Dieser Abschnitt widmet sich dem persönlichen Stil. Bedenkt, dass es nicht nur darum geht, was ihr tragt, sondern auch, wie und wo ihr es tragt.

Hier lernt ihr:

- Den Unterschied zwischen einem Outfit-Foto und einem Selfie, und wie ihr zwischen beiden wählt.

- Wichtige Beleuchtungstipps von Herb Ritts für Selfies.

- Wie ihr bei einem Outfit-Foto den Eindruck erwecken könnt, Superbeine wie Karlie Kloss zu haben.

- Wann ihr in eine Selfie-Stange investieren solltet (ich gebe zu, in manchen Augenblicken lohnt es sich wirklich, sie zu haben).

- Tipps, wie ihr euren Style auf die Umgebung abstimmen könnt (zum Beispiel welcher Hintergrund sich für ein hinreißendes Sommerkleid und ein Lächeln eignet und welcher etwas Exzentrischeres verlangt).

Social Media:
Schaufenster für euren Style

Ich erinnere mich noch an das erste Outfit-Foto, das ich aufgenommen habe. Es war im November 2008. Ich besuchte die Design-Schule in San Francisco und hörte von einem möglichen Job im San Francisco Design Center, einem riesigen Komplex aus zwei Gebäuden mit Dutzenden von Showrooms für Luxusmöbel und Innenarchitekturfirmen – anders gesagt: dem Himmel auf Erden. Ich hatte damals nicht viel Geld (brauchte also einen Job), aber ich hatte eine Vorstellung davon, wie ich mich bei dem Gespräch darstellen wollte. Ich fasste eine grünschwarze Oversize-Tunika von Forever 21 mit einem Gürtel zusammen und trug sie als Kleid mit einem Paar schwarzer Steve Madden-High Heels mit Plateausohle, die mich an ein ähnliches Paar Schuhe von Burberry erinnerten.

Ich gab für meinen Look wahrscheinlich 75 Dollar aus, fühlte mich jedoch unbesiegbar und hob mich von meinen Mitbewerberinnen ab – einem Meer schwarzer Blazer und Hosen im Business-Look mit flachen Ballerinas (auch die paar Burschen, die sich um die Stelle bewarben, trugen langweilige Anzüge). Irgendetwas musste ich richtig gemacht haben, denn ich bekam den Job. Mir gefiel mein Look bei diesem Gespräch so sehr, dass ich nach Hause in meine 37-Quadratmeter-Einzimmerwohnung ging (mit idyllischer Aussicht auf einen Parkplatz und eine Reihe greller gelber Lampen), das Ganze dokumentierte und meinen ersten Outfit-Post auf Song of Style veröffentlichte. Da wusste ich noch nicht, wie sehr sich mein Leben durch eine Tunika von Forever 21 verändern sollte.

Als ich 2011 meine Instagram-Gewohnheiten aufnahm, hatte ich meine Fangemeinde bereits vergrößert, indem ich mein Leben dokumentiert und meine Leser damit gefesselt hatte. Auf meinem Blog stellte ich fest, dass die Leser gerne mehr über mich und meine Pläne erfahren wollten – von Stylingtipps für meine weiße Lieblings-Sommerjeans bis zu Posts über die Reisen, die ich beruflich glücklicherweise unternehmen konnte. Mit Instagram war es mir möglich, täglich einige Details aus meinem Leben zu zeigen, die für das Blog bestimmt waren – wie beispielsweise die verborgenen Gassen (und Eisdielen) von Florenz in Italien, Flohmärkte in New York City und die Details der Taschen an der besagten knackigen weißen Jeans. Dass diese Elemente meines Lebens meine berufliche Laufbahn direkt beeinflussten und an deren Aufbau mitwirkten (und umgekehrt), gibt mir ein #wow-Gefühl.

Während sich mein Blog total verwandelte und von reinen Outfit-Fotos zu einem kompletten visuellen Lifestyle-Tagebuch wurde, teilte ich einige persönlichere (und wichtige) Seiten meiner Welt noch nicht: meine jüngere Schwester Dani (auch wenn ich es immer lauthals verkündete, wenn ich mir von ihr Kleider auslieh) oder meinen Hund Charcoal. Auch was auf meinem Frühstückstisch stand und die Details von Inneneinrichtungs-Besprechungen vor Ort blieben außen vor.

Instagram bot andererseits eine Plattform für das Teilen fotografierwürdiger Dinge, die ich nicht auf mein Blog stellte, das stärker organisiert und reaktioneller war (womit ich nicht sagen will, Insta sei nicht organisiert, das ist es sehr wohl, aber nicht ganz so ambitioniert). Inzwischen ist Instagram meine Heimat für die Zeiten, in denen ich auf dem Festivalgelände von Coachella bin oder einfach eine wunderbare Acai Bowl in meinem Lieblingscafé in L.A. genieße. Während das Blog eine methodisch geplante Filmproduktion ist, ist Insta für die amüsanten kleinen Momente hinter den Kulissen, die anzuschauen ebenso viel Spaß macht wie der Hauptfilm.

Ich merke, dass Outfit-Fotos nicht den Geschmack aller Instagrammer treffen. Wenn ihr jedoch mit Mode zu tun habt, so wie ich, oder eine Karriere in der Industrie anstrebt, ist es nie eine schlechte Idee, dass ihr eure Persönlichkeit anhand eurer selbst zerrissenen Jeans und einiger Reihen Armschmuck darstellt. Und nachdem die Instagram-Community so stark ist, ist diese Plattform ideal, um eure herausragenden Fähigkeiten im Styling und beim Fotografieren jedem zu zeigen, der euren Feed findet – vom Modedesigner, bei dem ihr um jeden Preis arbeiten möchtet, über den Trendsetter, dessen Blog ihr regelmäßig lest, bis zum Personalchef eurer Lieblings-Jeansmarke. Fasst es als modernes Portfolio auf, das euer Empfinden, eure Fertigkeiten und eure allgemeine Ausstrahlung zeigt.

#OOTD *Ausstattung*

DAS KLEID

Etwas Hübsches und Legeres mit unge-
zwungener Ausstrahlung, worin du dich
als etwas Besonderes fühlst.

DIE SCHUHE

Extrapunkte gibt es für State-
ment-Stilettos, coole Sneakers oder
Pumps, die Raffinesse und eine
Chefin-Mentalität ausstrahlen.

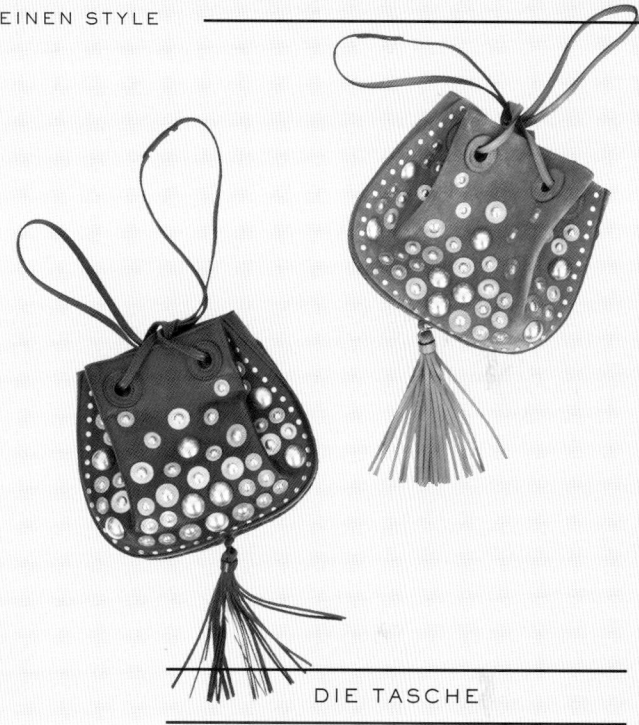

DIE SONNENBRILLE

DIE TASCHE

Weil nichts ein Outfit-Foto cooler macht als eine ausgefallene Sonnenbrille.

Reisetasche, quer umgehängte Tasche, Tragetasche oder Unterarmtasche, eine gute Tasche ist das Sahnehäubchen für dein #OOTD.

DER ARMSCHMUCK

Kein #OOTD ist komplett ohne das Handgelenk voller Armbänder und, wenn möglich, eine wirklich coole Armbanduhr.

#OOTD *Übung*

Wie bei allem auf Instagramm, ist auch hier dein Ziel, eine inspirierte authentische Geschichte zu erzählen. Stelle dir dein Outfit als Hauptperson vor und präsentiere die Rolle, die es in deinem Alltag spielt.

Bei der Kleidung hat jeder eine andere Meinung und es gibt kein Richtig oder Falsch, solange du etwas trägst, worin du dich wirklich wohlfühlst (Selbstbewusstsein wird auf Fotos sichtbar, das kann ich dir versichern). Letztlich ist alles eine Frage der Ausführung des Fotos, der Harmonie zwischen deinem Look und dem Hintergrund und wie sich das Bild in deinen Fotostream einfügt.

Die Location gibt das Stichwort.
Letztes Jahr im Mai reiste ich zu den Internationalen Filmfestspielen von Cannes nach Südfrankreich (#blessed). Vor meiner Abreise erledigte ich meine Hausaufgaben und entdeckte, dass mein Hotel, das historische Hôtel du Cap-Eden-Roc (zufällig eines von Grace Kellys einstigen Stammetablissements), direkt vor dem wahnsinnig blauen Wasser der Französischen Riviera lag.

Beim Packen berücksichtigte ich wirklich meine bevorstehenden Posts. Ich fragte mich, was ich in einer solchen, vom Kinofilm geprägten Atmosphäre durch meine Kleidung rüberbringen könnte. Ich stellte mir schließlich einen Filmstar der alten Schule vor, der auf den modernen Pariser Traum trifft – ein Teil *Über den Dächern von Nizza*, ein Teil Audrey Tautou auf einer Spritztour die Croisette hinunter. Ich wünschte mir den ungezwungenen Chic einer französischen Schauspielerin – klassisch und einfach – und wollte dennoch, dass man sich nach mir umdreht. Nachdem ich eine ganze Kleiderstange voller Kleider anprobiert hatte (ich weiß, ich muss selbst über mich die Augen verdrehen), außerdem so gut wie alles andere, was ich besitze, entschied ich mich für ein langes, trägerloses, schwarzes Kleid von Tibi, das sich modern und zugleich romantisch

LINKS An der Riviera. Stellt euch vor, von diesem Brett zu springen ...

RECHTS Wir haben mit verschiedenen Blickwinkeln und Actionfotos gespielt, um das weit schwingende Kleid in Szene zu setzen (es war echt schwer, einen Favoriten zu wählen, aber dieses hat schließlich gewonnen).

anfühlte, genau wie die Filmfestspiele selbst. Sobald ich eine Auszeit in Cannes hatte, nahm ich eine Anleihe bei Jane Birkin und kombinierte das Kleid für einen legeren, coolen Look mit flachen Sandalen – das Gegenteil der naheliegenden Wahl von High Heels, was ich wirklich aufregend fand (zufälligerweise wurden in demselben Jahr flache Schuhe auf dem roten Teppich geächtet!). Ich schnappte mir meine Schwester Dani als Fotografin und wir legten los.

Wir gingen den gesamten Umfang des Hotelgeländes ab, stießen dabei auf eine große Außentreppe vor einem kunstvollen schmiedeeisernen Balkongeländer mit drei effektvollen Fenstertüren dahinter. Ich setzte mich auf die Treppe und drapierte den Stoff meines Kleides über einige Stufen. Um in die richtige Stimmung zu kommen, stellte ich mir vor, ich würde gleich mein Leinwanddebüt erleben.

Im Außenbezirk entdeckte ich ein Sprungbrett, das über die Riviera ragte. Ich! Musste! Es! Fotografieren! Ich schickte Dani zu einem Absatz oberhalb des Sprungbretts (scheut euch NIEMALS, euren Fotografen Anweisungen zu geben, mehr dazu später). Sie war sogar bereit, sich auf den Boden zu setzen und den gesamten Schauplatz mit aufs Bild zu bringen (etwas, wovor sich euer Fotograf nicht fürchten darf: sich auf den Boden zu begeben und sich schmutzig zu machen). Sprungbrett? Test. Kleidervolumen? Test. Tiefblaues Wasser? Test. Massive Felsen? Test. Die gesamte Kulisse wurde lebendig und fühlte sich so ungemein nach Südfrankreich an. Hätte ich abgeschnittene Jeans oder sogar ein einfaches Tageskleid getragen, wäre das Foto nicht annähernd so aussagekräftig geworden. Die Situation verlangte Glamour, und den lieferte ich.

Müsst ihr an exotische Orte fliegen und Ballkleider einpacken, um dasselbe Ziel zu erreichen? Natürlich nicht. Ich kann dieselbe Ausstrahlung auch auf meiner Couch sitzend erreichen, solange ich mich passend zu einer bestimmten Geschichte kleide. Egal, wo ihr seid oder welche Kleidung ihr tragt, achtet auf das, was ihr anhabt, und auf euer Umfeld und überlegt, ob beides zusammen eine interessante Geschichte ergibt oder nicht.

Mein Standpunkt lautet: Wenn ihr verreist, selbst wenn es nur ein Wochenendtrip ist, ist dies definitiv eine Entschuldigung dafür, viel zu viel einzupacken. Manchmal macht es einfach Spaß, sich in eine Rolle hineinzuversetzen und die Fantasie spielen zu lassen. Riskiert einmal etwas, wenn das Foto dadurch besser wird. Nehmt Dinge mit, von denen ihr wisst, dass sie bei einem Outfit-Foto funktionieren. Kombiniert eure Umgebung mit euren Gedankengängen. Kleidet euch an einem zwanglosen Strand ausgesprochen förmlich (weil man nur einmal lebt) und tragt in einem offiziellen Ballsaal Jeans. Gute Kontraste machen oft sehr viel aus auf dem Weg Richtung »Gefällt mir«.

Wenn ich mit dem Fahrrad durch meine Viertel in L.A. fahre, wo es jede Menge weiße Lattenzäune und reizende alte Häuser gibt, trage ich ein feminines aufgeputztes Sommerkleid und flache Schuhe, um diese Unbekümmertheit im Bild festzuhalten. Wenn ich eine Pool-Party mit einer Marke ausrichte, sagen wir auf einer Ranch im spanischen Stil in Malibu, wähle ich einen Badeanzug, der mich an das ureigene Kalifornien erinnert (einen Einteiler mit Palmenmuster im Vergleich zu einem Bikini mit Netzausschnitt, der für eine Pool-Party in Las Vegas besser geeignet ist). Ob ich an einen glamourösen Ort wie Cannes reise oder ein Restaurant an der Ecke aufsuche, ich überlege immer, welche Ausstrahlung die Location hat und welches Outfit für ein Foto passen könnte.

Eine meiner letzten Italienreisen ist ein gutes Beispiel (Italien ist zufällig eines meiner Lieblingsländer auf Erden und wäre es nur wegen der Eissorte Haselnuss). Letztes Jahr im Juni hielt ich mich eine Zeit lang an der Küste in den Dörfern der Region Cinque Terre auf, und meine Outfit-Fotos zeigten einfache Seiden-Schlupf-kleider und flache Sandalen, bedruckte Palazzo-hosen, in denen sich jeder Schritt anfühlt, als sei man mit einer Windmaschine von Beyoncé unterwegs, und androgyne T-Shirts und kurzärmelige Shirtkleider, die keine großen Überlegungen verlangten. Die legeren und entspannten Looks waren hübsch genug für Outfit-Posts, fühlten sich aber, genau wie Cinque Terre selbst, nie bemüht an, wenn sie neben schönen Blumenkästen, Terrakotta-Gebäuden und den für die Gegend typischen gestreiften Sonnenschirmen am Strand gezeigt wurden, die neben dem blauen Wasser des Tyrrhenischen Meeres genau richtig wirken. Meine Nachforschungen über die Orte, die ich besuchen würde, und die Fotos, die ich dort würde aufnehmen können, bestimmten, was in meinen Koffer wanderte.

Eine geschickte Strategie für Outfit-Fotos ist, euch vorzustellen, die Kostüme für eine Filmszene zu entwerfen oder das Styling für ein Fotoshooting für eure Lieblingszeitschrift zu organisieren und zwar ohne Assistentin und ohne Kleidercontainer (auch wenn beides vermutlich hilfreich wäre). Das ist das Wesentliche einer coolen Geschichte – und eure Bildunterschrift sollte dem Beispiel folgen.

1 2

3

1 In L.A. trägt man alles hell und fließend.

2 Ein Dior-Moment in Cannes.

3 Palmmuster und ein ausgeschnittener Einteiler in Malibu.

1 2 3
4 5

1   Als ich neben Cinque Terre eine Reihe farbenfroher Städte an der Italienischen Riviera besuchte, wanderte nichts Schwarzes in meinen Koffer. Mit dem Snapseed-Tool Selektive Anpassung betonte ich die Leuchtkraft von Objekten im Hintergrund.

2   Hier posiere ich vor einer roten Backsteinmauer und den unglaublichen Felshängen.

3   Meinem Freund gelang zwischendurch ein ungestelltes Foto, während ich eifrig Polaroid-Aufnahmen machte.

4   Ein gutes Beispiel dafür, wie ein Schatten unvermutete Aspekte eines Fotos in den Fokus stellen kann.

5   Hortensien bilden eine perfekte Kulisse.

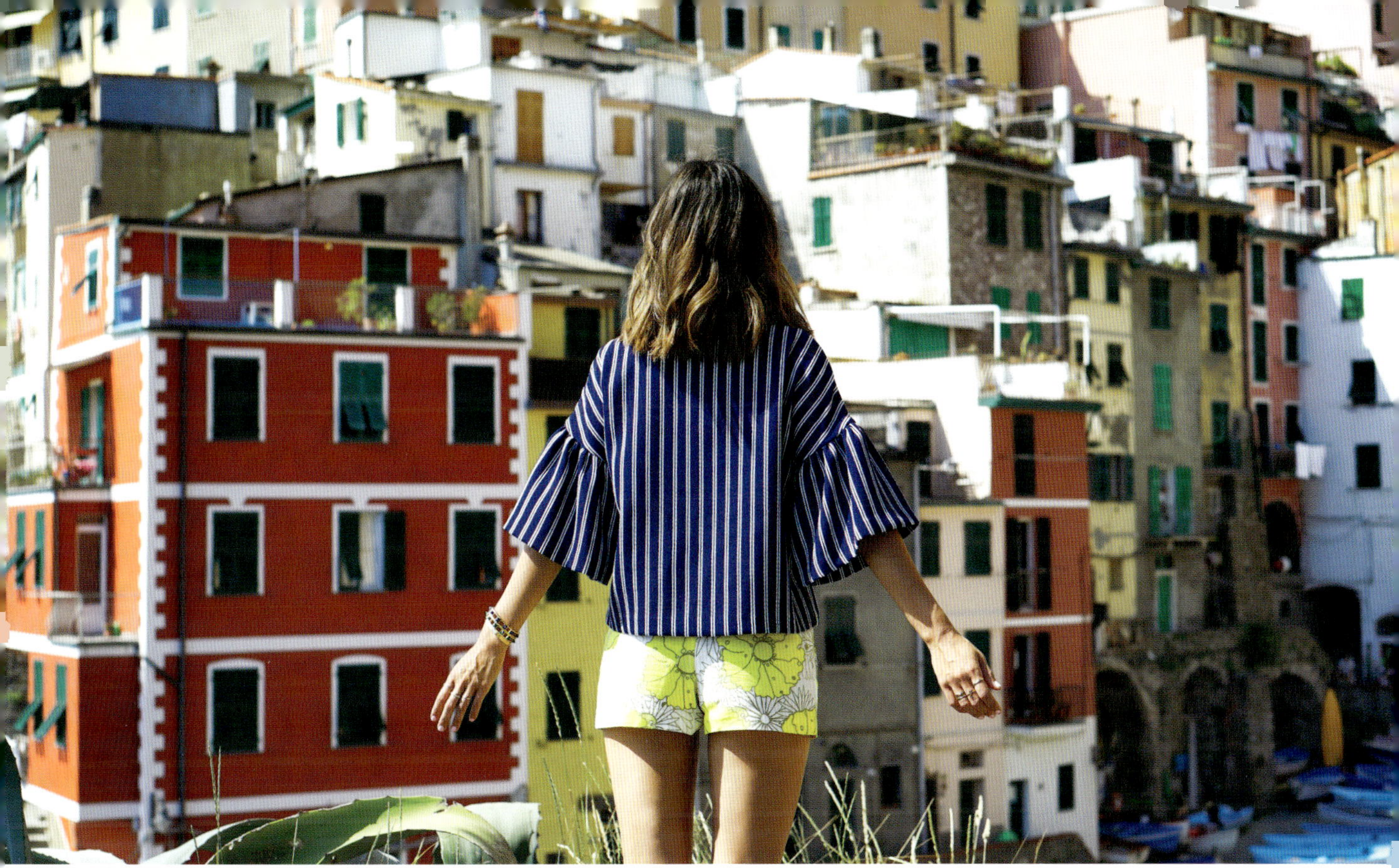
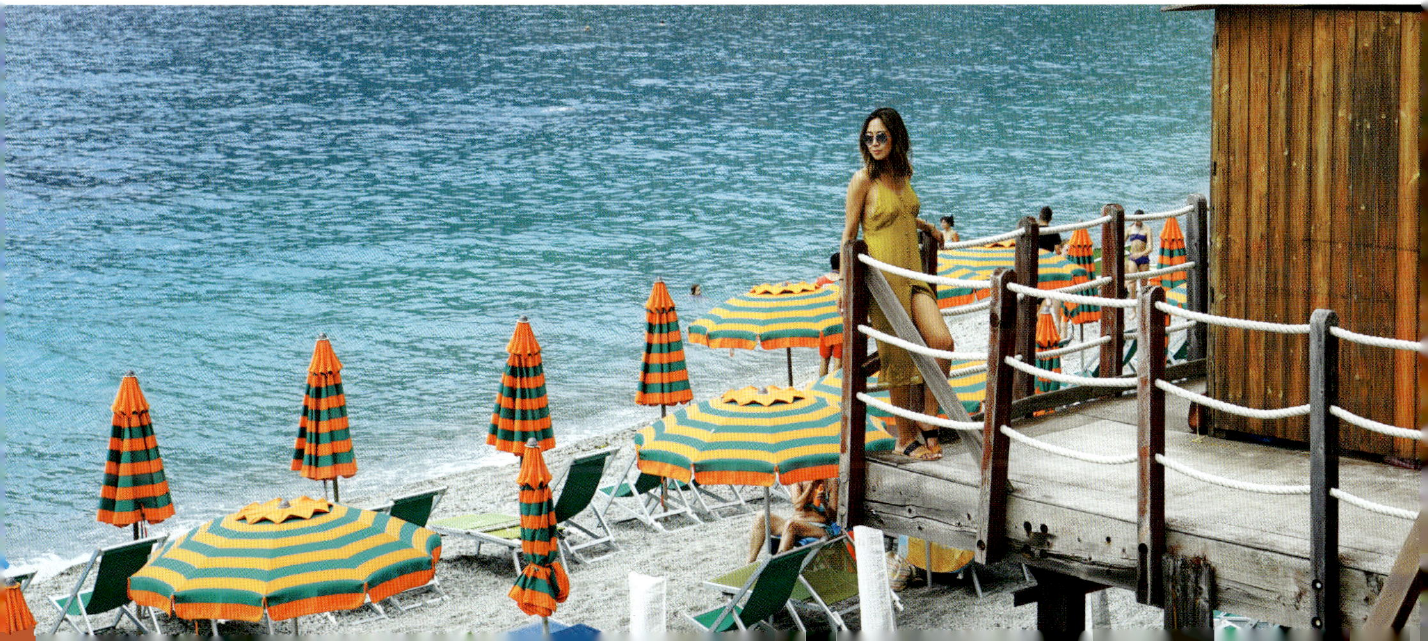

Am Outfit orientieren

Ich habe schon darüber gesprochen, wie eine Location das Outfit diktieren kann. Manchmal habe ich aber auch das Outfit vor der Location im Kopf. Wenn das auch bei euch vorkommt, heißt es, die Location dazu ausfindig zu machen. Überlegt, welche Kulisse euer Outfit ergänzen könnte, und sucht anschließend den perfekten Schauplatz. Ich habe inzwischen eine ganze Liste fantastischer Häuserblocks, Ecken, Parks und so weiter, auf die ich unterwegs gestoßen bin, sodass ich mittlerweile weiß, wohin ich gehen kann, wenn ich den richtigen Look dafür habe.

Ich war ganz verrückt nach Chloés Früh-jahrskollektion 2015. Es gab da hauptsächlich ein beige-weiß gestreiftes Kleid mit floralen Applikationen, das ich an einem warmen Sonntag in L.A. trug. Und während ich den Tag mit meiner Schwester genoss, wollte ich dieses Kleid für Instagram aufnehmen. Da das Kleid eine neutrale Farbpalette in Erdtönen hatte, ging ich an die Aufnahme so heran wie an die Inneneinrichtung eines Zimmers und versuchte, die beste Balance zu finden. Ich glaubte nicht, dass ein Ort mit lebhaften, aufdringlichen Farben dafür passen

würde – er würde mit dem Kleid konkurrieren. Ich brauchte dafür eine unkonventionelle Atmo-sphäre im Stil der 1970er-Jahre, wie aus einem Buch über Talitha Getty. Laurel Canyon-Luxus war genau das, was dieses Kleid verlangte. Es hat gedeckte Farben. Es ist unauffällig. Es wirkt sehr natürlich. Als ich mit meiner Schwester im Stadt-viertel Venice mit dem Fahrrad unterwegs war, kam ich an einer hellen Terrakotta-Mauer mit horizontalen Linien vorbei, genau wie in meinem Kleid. Ein paar Blocks weiter gab es noch eine Mauer in einem Beigeton auf einem Ziegelboden, was ich anfangs für ungeeignet hielt. Aber die Ziegel waren rustikal, etwas verfallen und wun-derschön verblichen. Beide Stellen passten auf ihre Art perfekt zu dem fließenden Chloé-Kleid. So entstanden diese Fotos.

Und die Moral von der Geschicht': Ihr könnt erst das Outfit haben und dann die Location suchen oder umgekehrt. Ihr müsst nur dafür sorgen, dass beides zusammen gut aussieht.

In Aktion

Nur weil ihr ein Outfit-Foto aufnehmen wollt, müsst ihr nicht reglos dastehen. Es gibt so viele Möglichkeiten, wie ihr euch bewegen könnt, um eure Kleidung auf kreative Art zu zeigen: auf einem Fahrrad sitzend, in einem wunderschönen Stuhl faulenzend, beim Überqueren einer Straße, während ihr euch hinunterbeugt, um ein Sandalenriemchen zu schließen, vor einem Flughafenterminal tanzend (ich glaube, ihr habt jetzt verstanden, was ich meine). Lasst euer Outfit entscheiden, ob ihr euch darin in Aktion zeigen wollt oder nicht. Bewegt es sich schön bei Wind? Ist es strukturiert und steif? Macht das, was das beste Ergebnis bringen wird. Beim Überqueren einer Straße zeige ich in der Regel gerne einen tollen Schuh – Extrapunkte für einen raffiniert geschnürten Schuh, Stilettos oder ein cooles Detail. Bei irgendwelchen Sprüngen trägt man am besten etwas, worin man sich gut bewegen kann (definitiv keine Stilettos) – zum Beispiel ein T-Shirt und eine Sporthose oder ein Oversize-Etuikleid. Ich muss sagen, wie es ist – ich tanze gerne auf meinen Fotos (was sage ich da, ich bin verrückt danach!) und deshalb ist es für mich immer hilfreich, ein Outfit zu tragen, in dem ich mich gut bewegen kann (denkt an Fransen-Details, Ziehharmonikafalten, Fledermausärmel). Zeigt auf Fotos, auf denen ihr geht, eure Beine. Für mich heißt das: kurzer Rock oder kurze Hose (sorgt aber dafür, nie wie Britney Spears ohne Unterwäsche zu gehen). Auch Jeans ergeben tolle Fotos beim Gehen und zeigen die Beine wieder anders, genau wie ein langes Kleid mit Seitenschlitz.

Die richtige Gelegenheit

Wie ich am Anfang dieses Kapitels schon gesagt habe, sind Outfit-Fotos meine Leidenschaft (wenn ihr euch schon anzieht für den Tag, warum dann nicht gleich ein Foto davon machen?). Es gibt keine Gelegenheit, bei der ich mein Outfit nicht fotografieren will (es sei denn, ich mag das, was ich anhabe, tatsächlich einmal nicht). Das heißt nicht, dass meine Follower auf bestimmte Outfits nicht positiver reagieren würden als auf andere. Mein beliebtestes Outfit-Foto bisher (mit über 57 000 Likes!) war das, auf dem ich in einem roten Spitzenkleid des britischen Labels Self-Portrait vor einer schlichten Backsteinmauer stehe und einen Becher Froyo (Frozen Yogurt) esse. Ich trug eine Sonnenbrille und eine Chloé-Tasche (die Leute lieben ihre Accessoires). Ehrlich gesagt habe ich für dieses Foto nicht viele Überlegungen angestellt – ich trug einfach zufälligerweise ein Kleid, das ich wirklich mochte, und ein paar coole Accessoires und hatte wirklich Appetit auf Froyo (wie so oft). Die Geschichte, die dieses Foto erzählte, war so einfach, dass sie für meine Follower zuzuordnen war, die mir – wie ich (zumindest) gerne glaube – folgen, weil sie wissen, dass ich in aller Öffentlichkeit und ohne mich dafür zu rechtfertigen, Milchprodukte (und viele viele Kohlenhydrate) zu mir nehme. Ihr müsst keine fein ausgearbeitete Geschichte erzählen, um ein erfolgreiches Outfit-Foto aufzunehmen. Bindet einfach ein Outfit, in dem ihr euch wohlfühlt, in einen kleinen Teil eures tatsächlichen Alltags ein (zum Beispiel wenn ihr ein Eis bekommt, bei der Post ein Päckchen abgebt, eine Freundin zum Mittagessen trefft), so werdet ihr eure Follower mit sehr viel größerer Wahrscheinlichkeit inspirieren, weil ihr authentisch seid.

1 2 3
4 5

1 Dieses einfache Outfit wäre vor einer leeren Wand total langweilig gewesen, aber die Blüten liefern einen Rahmen und die dringend benötigte Farbe.

2 Vor dem Duomo in Florenz habe ich mit Facetune einige Details deutlicher herausgearbeitet, der Schirm unterbricht die Komposition mit seiner lebhaften roten Farbe.

3 Ich ließ meinen Fotografen seine Kamera auf Serienfotos einstellen, daher sah es aus, als würde ich mit diesem Straßenkunst-Motiv in L.A. fliegen. Von 30 Fotos waren nur 3 nicht unscharf.

4 Da niemand in der Nähe war, setzte ich mich einfach auf die Stufen vor einem Haus und machte dieses Foto. Meine Handtasche ist ein weiteres Beispiel dafür, wie eine kräftige Farbe ein Bild interessanter macht.

5 Nachdem ich während der New Yorker Fashion Week auf einer Modenschau gewesen war, wollte ich mein fließendes, im Wind schwingendes Kleid festhalten. Das Orange wirkt auf dem gedämpften Pflaster total gut.

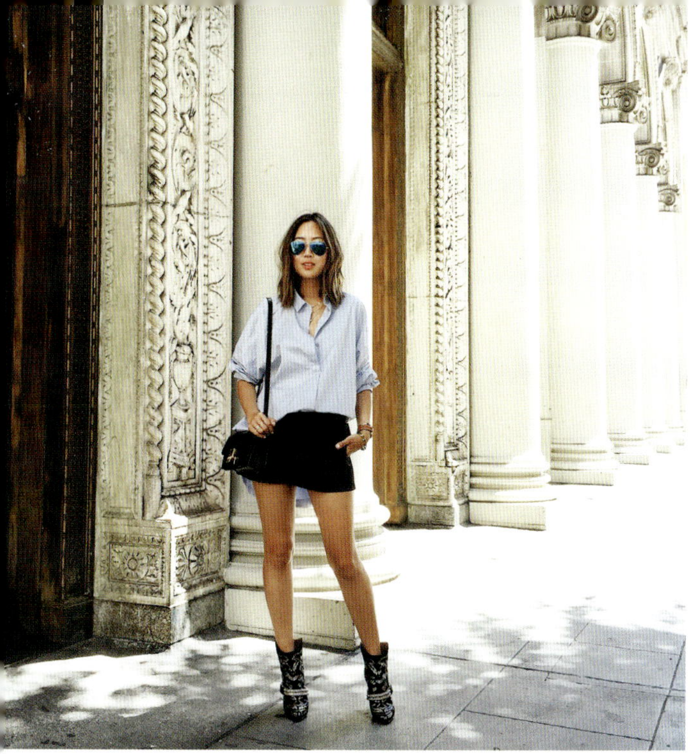
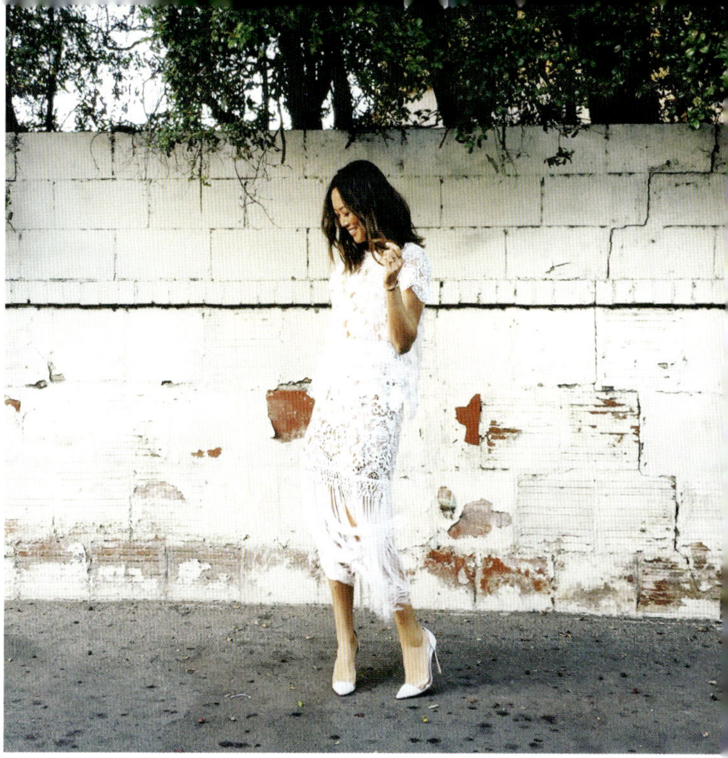
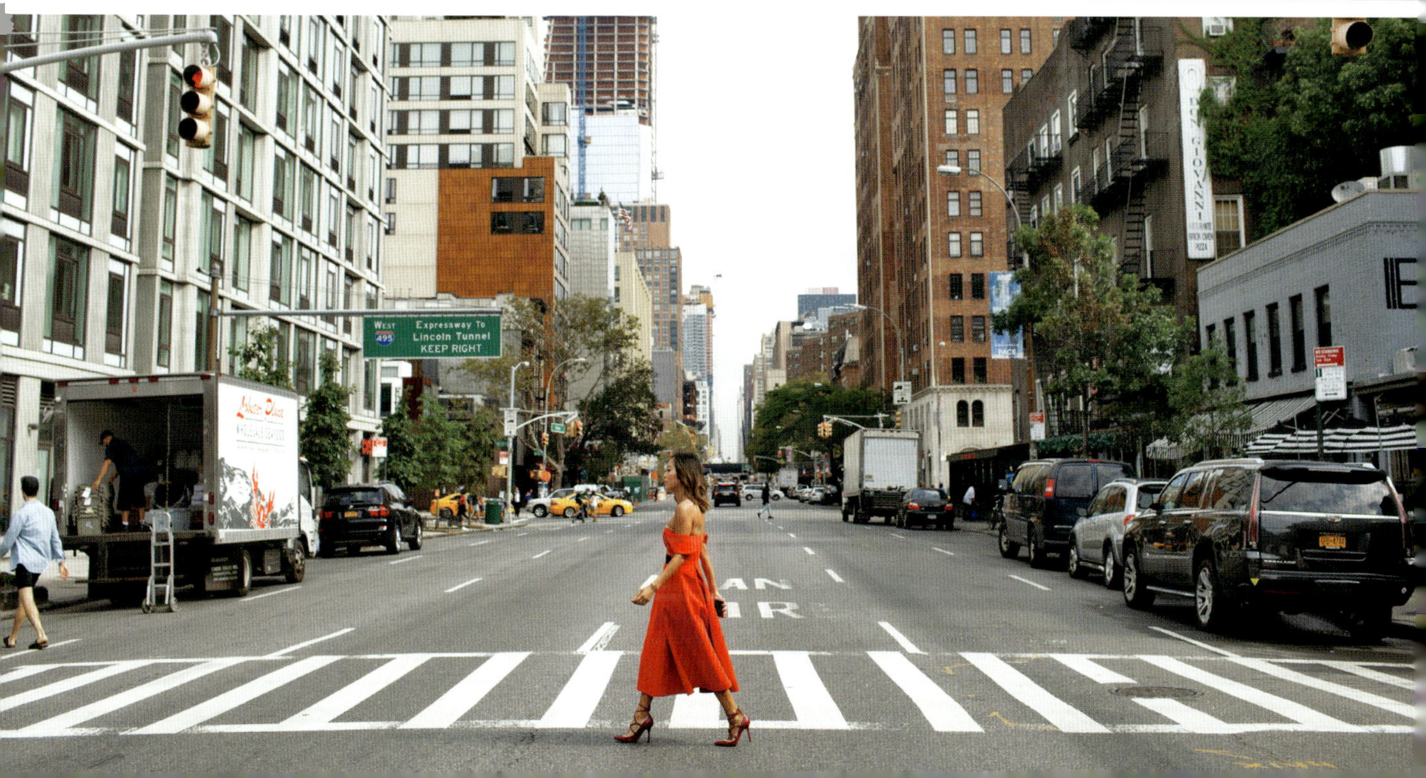
West 495
Expressway To
Lincoln Tunnel
KEEP RIGHT

Die Details

Es gibt keine Regel, wonach jedes Outfit-Foto eine Ganzkörperansicht zeigen müsste. Oft sind die echten Stars der Show eure Unterarmtasche, die Handtasche, die Schuhe oder sogar das Detail an einer Hose. Habt also keine Scheu, einfach nur einen Aspekt eures Gesamtlooks aufzunehmen und zu posten. Für Detailaufnahmen gelten dieselben Grundregeln wie für jedes gute Foto: auf gute Schärfe achten (Display antippen), natürliche Beleuchtung (das schöne Sonnenlicht nutzen), harmonischer Hintergrund. Bei einem Rahmen für das Foto gibt es kein Richtig oder Falsch, schaltet die Gitter-Funktion eurer Handykamera ein und spielt damit. Beginnt mit dem Hauptmotiv des Fotos in der Mitte des Displays und bewegt es dann leicht zu einer Seite, in eine Ecke – ruhig auch einmal so weit, dass es fast abstrakt wirkt. Dann entscheidet, was euch am besten gefällt und was zu eurem Feed passt. Wenn das vorherige Foto einen Schuh zeigt, nehmt jetzt die Unterarmtasche oder diese tolle Nailart-Maniküre, die ihr am liebsten an die Wand hängen würdet (ein Foto auf Instagram ist im Grunde dasselbe, als würdet ihr ein Gemälde über den Kamin hängen).

Wenn ihr eure Schuhe fotografieren wollt, könnt ihr euch hinsetzen und die Beine ausstrecken (gerade oder beide zu einer Seite). Die Füße sind Hingucker! Sorgt also dafür, dass eure Füße entsprechend gut gepflegt sind, wenn ihr offene Schuhe tragt. Eine weitere gute Art, ein Schuhfoto zu machen, ist im Stehen. Streckt den Po nach hinten und drückt aus der Vogelperspektive auf den Auslöser. Um einen Arm voller Armreifen oder eine ausgefallene Armbanduhr zu zeigen, versucht einmal, das Foto in ein Stillleben einzubauen, beispielsweise mit eurem morgendlichen Cappuccino, schmückender Tischdeko, auf einem grafisch gemusterten Tuch oder neben einem Stapel Zeitschriften.

Der Kaffeebecher ist ein gängiges Motiv auf Insta (er ist zudem ein unvermeidliches Insta-Klischee, ich gehe später darauf ein). Haltet den Becher mit dem Arm, den ihr zeigen wollt, um ein interessanteres Foto zu bekommen (wichtig ist auch hier eine gute Maniküre). Ihr könnt

1 2 3
  4 5

1 Der Versuch, das perfekte
Schuhfoto aufzunehmen – wegen
#ihavethisthingwithfloors. Hier-
zu am besten den Po nach hinten
strecken und die Gitter-Funktion

nutzen, damit die Fliesen gerade
ausgerichtet und nicht verzerrt
sind.

2 + 3 Verschiedene Möglichkeiten, ein Foto von einem
Kaffeebecher aufzunehmen
(alleine und mit Fotograf).

4 Das grelle Licht direkt von
oben sorgte für coole Schatten,
die dieses Kaffeefoto verbes-
serten (die Chloé-Tasche störte
dabei nicht).

5 Latte-Art erfüllt zwar
gelegentlich auch ein Klischee,
gehört aber zu meinen Lieblingsmotiven. Wie kriegen die das nur
so hin??

OBEN Hier sorge ich dafür, dass die Linien wirklich gerade sind, um diese perfekt ausgerichteten Fliesen zu fotografieren.

eine Unterarmtasche und eine Sonnenbrille auch in ein Foto von eurem Morgenkaffee einbauen (Kaffee passt genau wie Chanel überall dazu). Für diese Art von Fotos ist es am besten, die Kamera aus der Vogelperspektive direkt über das Motiv zu halten. Habt ihr eine Schultertasche zu zeigen? Bittet euren Fotografen, sie so heranzuzoomen, dass ihr von der Schulter bis zur halben Wade zu sehen seid. So wird die Handtasche schön hervorgehoben und das Foto ist eine nette Abwechslung zu den typischen Ganzkörperfotos auf Insta.

Es gibt keine Regel, wonach jedes Outfit-Foto eine <u>Ganzkörperansicht</u> zeigen müsste.

Der Fotograf

Wichtiger als ein cooles Outfit oder ein fantastischer Hintergrund ist es vielleicht, jemanden zu haben, der das alles dokumentiert. Und anders als Selfies dürfen Outfit-Fotos nicht immer nur von euch selbst aufgenommen werden.

Zufällig gehöre ich zu den Leuten, denen es nichts ausmacht, Fremde auf der Straße anzusprechen, insbesondere dann, wenn es um ein Outfit-Foto geht. Daher bitte ich jeden und überall, ein Foto von mir zu machen, wenn ich alleine unterwegs bin und ein Foto brauche. Ich habe schon mit Sicherheitsbediensteten, Touristen, Postboten, Pförtnern, Bauarbeitern, Maskenbildnern, Kellnerinnen und Hoteldienern gearbeitet. Ich könnte die Liste noch fortführen. Das ist kein Scherz.

Seid ihr bereit, es selbst zu üben? Hier ein Probedrehbuch:

Du: Entschuldigung, würden Sie wohl ein Foto von mir machen? Ich verspreche auch, dass es schnell geht.

Passant: Ja sicher. [An dieser Stelle müsst ihr dafür sorgen, dass das Foto mit eurem Handy aufgenommen wird, nicht mit deren Handy, was merkwürdig wäre.]

Du: Bitte knien Sie sich und halten Sie die Kamera so. [Sobald euer neuer Fotofreund kniet, könnt ihr das Handy leicht einstellen, während er es hält. Noch besser: Gestaltet das Foto für den Fotografen, damit er genau weiß, wie es aufgenommen werden soll. Es schadet auch nicht, ihm ein Foto davon zu zeigen, wie der Hintergrund aussehen soll. Probiert daher, selbst ein Probefoto ohne das eigentliche Motiv aufzunehmen, bevor euer Fotograf loslegt.]

[Bevor euer Fotofreund auslöst, stellt euch in Positur und bittet um ein Testfoto. Schaut euch anschließend das Foto an, um zu überprüfen, ob Beleuchtung und Blickwinkel gut aussehen. Falls nötig, passt das an.]

Du: [Nehmt eure Position ein.] Ich bin bereit! [Klick, klick, klick, klick.] Wenn es Ihnen nichts ausmacht, jetzt noch eines im Hochformat?

Passant: Natürlich. [Klick.]

Du: Können Sie noch eines probieren, bei dem Sie die Kamera etwas weiter nach links halten? [Klick.]

Das ist der Moment, in dem ihr einen Blick auf die Arbeit eures neuen Fotofreundes werfen solltet. Sobald ihr ein Foto gefunden habt, mit dem ihr zufrieden seid, bedankt euch bei eurem Fotografen und jeder geht seiner Wege.

Ihr könnt natürlich auch immer eine Freundin/einen Freund, Nachbarn, Kollegen oder eine sonstige Person bitten, mit der ihr gerade zusammen seid. Egal wer euer Outfit-Foto aufnimmt, ihr dürft keine Scheu haben, die künstlerische Leitung zu übernehmen und der Person hinter der Kamera genau zu sagen, was ihr euch vorstellt, um ein perfektes Bild zu bekommen. Wenn euer Fotograf steht und der Kamerawinkel nach unten geht, seht ihr kürzer aus. Ich finde es am besten, wenn der Fotograf kniet und die Kamera leicht nach oben richtet, was euch langbeinig und schlank aussehen lässt wie Karlie Kloss. (Keine Freunde in Sicht und es ist euch zu unangenehm, einen Fremden zu fragen? Dann denkt einfach, was für eine herzige Geschichte ihr vielleicht einmal euren Enkeln erzählen könnt, wenn euer Zufallsfotograf am Ende »der Richtige« ist). Bittet immer darum, dass mehrere Fotos gemacht werden. Eine Auswahl ist wichtig.

Es gibt natürlich noch andere Möglichkeiten, das Foto zu bekommen, ohne dass ihr euch unwohl fühlt. Stative sind preiswert (rechnet mit maximal 40 Euro) und können zusammen mit dem Kameratimer eingesetzt werden. Falls ihr keines habt, eine gute Gelegenheit jedoch nicht versäumen möchtet, balanciert euer Handy auf einer geraden Fläche aus, stützt es vielleicht mit ein paar Steinen und arbeitet mit dem Selbstauslöser.

KAMERAWINKEL LEICHT NACH UNTEN

KAMERAWINKEL LEICHT NACH OBEN

#OOTD Zusammenfassung

01 **Zeigt euren echten Stil.** Ob hübsch, hässlich oder nicht, es gibt kein »falsches« Outfit, solange ihr authentisch seid.

02 **Sorgt dafür, dass euer Hintergrund und euer Outfit zusammenpassen.** Ihr tragt ein kräftig buntes, gemustertes Kleid? Dann wählt einen einfachen Hintergrund. Und umgekehrt.

03 **Details sind alles.** Wenn ihr euren Look nicht von Kopf bis Fuß posten wollt, werdet kreativ und hebt eine Armbanduhr, Schuhe oder sonstige Accessoires hervor.

04 **Entscheidend ist der Aufnahmewinkel.** Spielt genau wie bei den Selfies mit verschiedenen Aufnahmewinkeln, um auszuprobieren, was am besten aussieht. In der Regel sind Ganzkörperfotos, bei denen der Fotograf kniet und die Kamera leicht nach oben richtet, vorzuziehen, da sie die zauberhafte Fähigkeit haben, wie eine Sofortdiät-/Supermodelbeine-Maschine zu wirken, während ein Foto mit leicht nach unten geneigter Kamera einen gedrungen wirken lässt. Durch einen falschen Aufnahmewinkel könnt ihr optisch fünf Kilo mehr auf den Rippen haben.

05 **Sorgt für ein klares, scharfes und fokussiertes Foto.** Sorgt genau wie bei euren Selfies dafür, dass die Kamera scharf stellt, indem ihr auf das Display tippt, bis ihr ein klares Bild im Rahmen seht. Macht so viele Aufnahmen wie nötig, bis ihr ein Foto habt, das nicht durch eine Rauschbrille aufgenommen worden zu sein scheint.

06 **Die Beleuchtung macht – oder zerstört – ein Foto.** Eure Followers verdienen es, wirklich zu sehen, was ihr tragt, versucht also, euer Outfit-Foto im Freien aufzunehmen oder in einem Raum mit viel natürlichem Licht. Tippt auf den hellsten und dunkelsten Teil auf eurem Display, um die Lichtmenge zu verändern, die die Linse durchlässt. Vergesst nicht, dass es einfach ist, ein etwas zu dunkles Foto mit den Bearbeitungs-Apps aufzuhellen, ein zu helles Foto jedoch mit ausgefressenen Lichtern ist nicht mehr zu retten. Findet eine gute Lichtbalance und experimentiert, bis das gewünschte Foto gelungen ist.

GEGENÜBERLIEGENDE SEITE
Fantastisches Schuhwerk + coole
Fliesen = Instagold.

OBEN Ein paar von meinen
beliebtesten OOTD-Aufnahmen.

07 **Denkt an die Geometrie.** Stellt euch ein unsichtbares
Gitter um euer Foto vor: Alle Linien – horizontal und
vertikal – sind gerade oder, noch besser, verwendet die
Gitter-Funktion eurer Handykamera. Ihr könnt ein Foto
auch nachträglich mit dem vertikalen und horizontalen
Perspektive-Korrektur-Tool auf Insta perfektionieren.

#Selfie
Schule

PERFEKT

ZU HOCH

ZU NIEDRIG

Das Selfie

Selfies werden tendenziell ungerechtfertigt kritisiert (trotz allem, was Kim Kardashian dazu meint), und ich bin ehrlich gesagt auch nicht der größte Selfie-Fan. Ich mache selten Selfies, weil ich die Leute nicht mit Fotos von mir langweilen will, auf denen ich im Badezimmerspiegel Gesichter schneide. Das heißt aber nicht, dass es dafür nicht den richtigen Zeitpunkt und Ort geben würde. Selfies können tatsächlich coole Storys erzählen, wenn ihr alleine, in Eile oder nicht in der Stimmung seid, jemanden zu bitten, von euch ein Foto zu machen – während eines sentimentalen Besuchs auf eurer ehemaligen Uni, beim Sightseeing in einer Gruppe vor dem Duomo in Florenz oder wenn ihr unerwartet auf ein interessantes Gebäude stoßt mit einem überraschenden Fenstermuster, das einen verblüffenden Kontrast zu eurem Outfit bildet. Selbst wenn ihr abends mit Freunden ausgeht, kann eine Badezimmerspiegel-Aufnahme angesagt sein, während ihr euer Make up nachbessert (habt keine Scheu, mit dem Lippenstift einen Hashtag auf diesen Spiegel zu kritzeln). Jeder Instagram-Post – Selfies eingeschlossen – erzählt irgendeine Geschichte und erlaubt es anderen Leuten, für einen Moment in euer Leben zu treten.

Für die Liste auf den folgenden Seiten gibt es natürlich Ausnahmen, nutzt also euer Urteilsvermögen. Bedenkt, dass ihr zwar einen Post löschen könnt, im Internet jedoch nichts für immer verschwindet und alles, was ihr dort einstellt, euch und eure persönliche Marke repräsentiert, selbst wenn ihr »privat« dort seid. Vergewissert euch, die Botschaft zu vermitteln, die wirklich einen Teil von euch definieren soll. Bevor ihr etwas hochladet, fragt euch, ob dieses Foto eines sein könnte, mit dem euch später jemand Ärger machen könnte (wenn ihr beispielsweise eine Verabredung absagt und die Person, die ihr habt sitzen lassen, später sieht, dass ihr woanders eine bessere Einladung hattet).

Es ist bereits die halbe Miete, für euer Selfie die richtige Zeit und den richtigen Ort zu finden. Sobald ihr das Gefühl habt, euer Pokerface und ein hohes Selbstvertrauen zu haben, gibt es einige fotografische Formalien, die euren Post vom Amateurstatus auf Bruce-Weber-Niveau heben.

SITUATIONEN, IN DENEN DAS AUFNEHMEN EINES SELFIES DEFINITIV NICHT NUR AKZEPTABEL, SONDERN *RICHTIG* IST

Auf einem Musikfestival (insbesondere, wenn ihr »zufällig« auf einem Foto der Band auftaucht).

Vor dem Cinderella-Schloss in jedem Disney-Park der Welt (überhaupt vor jedem Schloss).

Am Strand. Extrapunkte für einen malerischen Hintergrund mit Sand und Wellen.

Bei jeder Feier (Schulabschlussfeier, Hochzeit, Veranstaltung in Abendgarderobe, Party, Fußball-Weltmeisterschafts-Endspiel-Abend und so weiter).

In einem Auto (das parkt und/oder von jemand anderem gefahren wird – vorzugsweise im Fond und unterwegs zu einem Ort, der ebenfalls ein Selfie verdient).

In einem Skilift (oder in jedem anderen Freizeitgefährt hoch über dem Boden).

Auf einem Schiff (Grund: offensichtlich).

Neben einem Promi stehend, bei dem ihr ausflippen könntet (Pharrell und Beyoncé, ihr seid gemeint).

Im Flugzeug (vorzugsweise beim Jet-Setten an einen Ort, der so spannend ist, dass man es euch ansieht; aber bitte keine weiteren langweiligen Tragflächen-vor-Himmel-Posts, es sei denn, draußen steht ein Yeti und winkt euch zu).

An einem Ort, der zu fantastisch ist, um ihn mit Worten zu beschreiben (nach dem Aufstieg am Berggipfel; rundum von Spiegeln umgeben wegen des Endloseffekts; an einem Infinity Pool; in einem schön eingerichteten Raum et cetera.).

SITUATIONEN, IN DENEN DAS AUFNEHMEN
EINES SELFIES *NICHT* AKZEPTABEL IST

Während eines Arzttermins im Untersuchungszimmer.

Beim Autofahren (siehe Punkt 5 auf Seite 103).

Bei einem traurigen Familientreffen.

Während einer religiösen Feier oder Zeremonie.

Während ihr im Bad irgendetwas anderes tut, als in den Spiegel zu schauen (und wenn ihr vor einem Spiegel steht, bedenkt, dass die iCloud alles sieht und speichert).

Die Beleuchtung

Als Faustregel gilt: Helles natürliches Licht macht von eurem Gesicht die besten Fotos. Versucht also, nach draußen oder an ein Fenster zu gehen, durch das die Sonne hereinscheint. Die goldene Stunde – die Zeit direkt nach Sonnenaufgang und auch direkt vor Sonnenuntergang – lässt alles verträumt und zauberhaft aussehen, vor allem, wenn ein paar Lichtstrahlen über euer Gesicht tanzen. Plant eure Selfies entsprechend.

Im Freien achtet ihr auf Schatten, die wie eine »Fotobombe« auf eurem Foto wirken können und positioniert euch so, dass wirklich alles einwandfrei aussieht (es sei denn natürlich, der Schatten ist kunstvoll und verbessert die Aufnahme).

Indoor? Sucht wie oben erwähnt ein lichtdurchflutetes Fenster. Um euer Aussehen zu betonen, schaut ins Licht – es bringt eure Haar- und Augenfarbe zur Geltung und verewigt vielleicht auch ein oder zwei glänzende Accessoires. Wenn ihr jedoch einen sinnlicheren, sanfteren, vielleicht sogar leicht verschwommenen Touch anstrebt, stellt euch mit dem Rücken zum Licht. So entstehen stimmungsvolle Fotos, wie man sie in der *Vogue* sehen kann.

Es ist kein schönes großes Fenster, das viel Tageslicht hereinlässt, vorhanden? Kein Problem. Es gibt LED-Glühlampen mit »warmem« Licht zu kaufen, die das Tageslicht nachahmen (während andere Beleuchtungskörper diesen kalten, grauen Eindruck wie in einer Arztpraxis erzeugen, den ihr nicht für euer Porträt haben wollt). Ähnlich wie bei den Nährwertinfos auf Lebensmittelverpackungen geben die Schachteln von LED-Lampen eine Skala der Lichtwirkung von warm bis kalt an. Wenn ihr ein Beleuchtungsschema plant, das für alle Fotos gut geeignet ist, sucht nach warm-weißem Licht, nehmt also Glühlampen mit 3000 Kelvin oder darunter, sie ahmen die goldene Stunde am besten nach.

Ob drinnen oder draußen, experimentiert mit der Lichtmenge, die eure Kameralinse durchlässt, indem ihr auf die dunkelsten und die hellsten Stellen eures Displays tippt, wenn ihr die Aufnahme vorbereitet. Es ergibt sich jeweils ein anderer Effekt. Nehmt von beiden Varianten ein Bild auf, um zu sehen, welches euch besser gefällt. Keine Sorge, wenn es etwas zu dunkel ist – mit der richtigen App und auf Instagram könnt ihr es bearbeiten. Zu helle Bilder lassen sich nicht so einfach verbessern. Ich empfehle, sie sofort zu löschen.

Der Hintergrund

Ich bin ein Hintergrund-Freak. Er sorgt, genau wie eine Handtasche, für das Gelingen oder Nichtgelingen eines Fotos. Bei einer Aufnahme eures Gesichts trägt der Hintergrund zur Gesamtstimmung bei, berücksichtigt daher immer, was hinter euch ist. Überlegt euch ergänzende Strukturen, Muster und Farben. Das mag pingelig wirken, aber die zehn zusätzlichen Sekunden des Nachdenkens lohnen sich. Letzten September war ich in New York und wohnte zufällig in einem Hotel mit einem luftigen, weißen und lichtdurchfluteten Korridor. In dem Flur hing ein Ganzkörperspiegel, in dem ich mich noch einmal kritisch betrachten konnte, bevor ich in den Aufzug stieg. Eines Tages beschloss ich, hier ein Selfie aufzunehmen – mit den architektonisch schönen Vintage-Fenstern im Hintergrund, ganz zu schweigen von den Chrombeschlägen der Zimmertüren und einem Farbklecks durch frische rosa Rosen, die zufällig auch dort standen. Natürlich war mein Selfie der Star, aber der Hintergrund gab dem Foto Tiefe und Schönheit und ich konnte damit einen einfachen Korridor teilen, der zwar scheinbar ein kleines Detail auf meiner Reise war, mich aber jeden Tag wirklich glücklich machte (erinnert ihr euch an den Anfang des Buches, an dem ich euch geraten habe, stehen zu bleiben und an den Rosen zu riechen? Ihr solltet wirklich immer stehen bleiben und etwas beachten – und fotografieren! –, was euch zum Lächeln bringt).

Wenn ihr euren Arm in einen Selfie-Stick verwandeln wollt (möglichst ohne eine Herde von Touristen, die die Fotos anderer Touristen ruinieren), habe ich jede Menge Ideen. Stellt euch unter eine Leuchtreklame oder einen verzierten Torbogen. Sucht eine Mauer aus Sichtsteinen, eine Gasse mit vielen Graffitis oder einen Raum mit gemusterten Tapeten. Blumen, ätherische blaue Himmelslandschaften, von Bäumen gesäumte Straßen und sogar eine kahle weiße Wand (wie in einer Galerie) wirken Wunder. Ich persönlich bevorzuge einfache, überschaubare Hintergründe, die nur einen kleinen Teil von etwas Interessantem zeigen. So entstehen klarere Bilder, die das

Auge leichter erfassen kann. Und Studien zufolge wirkt eine klare offene Fläche in der Regel besser.

Wenn ihr euch für einen Spiegel entscheidet, der euch im Hintergrund spiegelt, okay, aber bitte nutzt euer Urteilsvermögen. Spiegel-Selfies sind deutlich einfacher aufzunehmen, da ihr einfach nur etwa 30 Zentimeter vor diesem Spiegel stehen und nicht mühsam den Arm ausstrecken müsst. Er bietet auch die Gelegenheit, mehr Hintergrund auf die Fotos zu bekommen. Aber wie wir alle wissen, können Spiegel-Selfies sehr schnell sehr daneben gehen. Wenn der Spiegel wirklich eure beste Option ist, sorgt dafür, dass er sauber ist, um keine Flecken auf den Fotos zu haben. Und wenn ihr euch in einem privaten Umfeld befindet, entfernt schmutzige Wäsche, Geschirr und alle unschönen Anblicke, die auf dem Boden liegen könnten. Es sei denn, ihr macht euch mit einer clever formulierten Bildunterschrift über euer Chaos lustig.

Ihr solltet auch darauf achten, wo auf einem Spiegel-Selfie euer Handy auftaucht. Wahrscheinlich wollt ihr euer Gesicht nicht hinter einem Handy-Case verstecken, also haltet es seitlich außerhalb des Bildes und etwa auf Höhe der Schulter, um Gesicht und Körper aufzunehmen, ohne etwas Wichtiges zu verdecken. Probiert aus, bis ihr die richtige Position gefunden habt, um das zu zeigen, was ihr zeigen wollt (strahlende Augen und klassische rote Lippen gehören absolut dazu).

1 2 3
4 5

1 Ich lasse selten die Gelegenheit verstreichen, ein Selfie am Pool aufzunehmen, noch dazu, wenn sich der besagte Pool in Kroatien befindet (Bonuspunkte, wenn auch noch ein Schwan zu sehen ist).

2 Dani und ich: Ein Schwestern-Selfie auf dem Coachella-Festival.

3 Die gleichen Sonnenbrillen: In diesem Fall muss ein Selfie einfach sein.

4 Pharrell brachte in L.A. seine Modelinie für Adidas heraus und Dani und ich gaben unser Bestes.

5 Das kalifornische Mädchen kann einem Selfie mitten im Schnee in der Schweiz einfach nicht widerstehen.

6 7
8

6   Kein Fotograf in Sicht? Kein Problem, denn ohne ein Selfie vor dem Eiffelturm könnt ihr nicht nach Hause kommen.

7   Wenn ihr von Dior eingekleidet werdet, könnt ihr im Pariser Showroom ein Selfie aufnehmen.

8   Eine riesige Eistüte ist in der Regel ein Selfie wert.

Der Blickwinkel

Probiert aus, welche Seite eure Schokoladenseite ist, indem ihr ein paar Fotos aus verschiedenen Blickwinkeln aufnehmt. Aber egal, welchen Blickwinkel ihr wählt, nehmt nie – ich wiederhole, NIE – ein Selfie auf, indem ihr die Kamera unterhalb von eurem Gesicht haltet. Sonst habt ihr schneller ein Doppelkinn als wenn ihr täglich eine ganze Packung Oreos futtert.

Haltet das Handy leicht oberhalb eurer Blicklinie (etwa 10 bis 15 Grad höher) und dreht den Kopf 45 Grad zu einer Seite, um euer Gesicht im Profil und mit der Kieferlinie aufzunehmen. Wenn ihr nicht gerade Halle Berrys perfekt symmetrisches Gesicht habt, sind Selfies direkt von vorne in der Regel nicht der Money Shot. Auch hier ist Ausprobieren wichtig, haltet daher euer Handy mal höher, mal tiefer, bis ihr ein Bild habt, das euch gefällt. Und noch etwas: Beißt beim Posieren die Zähne zusammen, um eure Kieferlinie hervorzuheben – ein Trick der Supermodels.

Die Pose

Ihr solltet die Lippen unterschiedlich schürzen und mit verschiedenen Gesichtsausdrücken experimentieren, um die stärkste Wirkung zu finden. Es geht das Gerücht, dass ein gewisses Promi-Zwillingspaar in Sachen Mode mit den Lippen das Wort prune formt, um diesen hinreißend nach oben geschwungenen Mund zu bekommen. Probiert es mit einem breiten Lächeln und dann noch ernst oder düster. Experimentiert mit den Augen – leicht geschlossene Lider können den sexy »Schlafzimmerblick« zaubern. Viele Leute hassen eine Schnute (dieses geschürzte Kussmündchen), aber für mich persönlich ist es kein »don't« – es sei denn, ihr mögt nicht, wie ihr dann aussieht, oder macht es auf jedem Foto. Wichtig: Verändert bei jedem Selfie eure Pose ein wenig, sonst wird der immer gleiche Look sehr schnell langweilig.

Die Schärfe

Unscharfe Selfies sind nicht schön. So wie das Tippen auf die hellen und dunklen Bereiche auf dem Display des Handys die Helligkeit einer Aufnahme anpasst, stellt es auch die Linse scharf. Experimentiert mit dieser Technik, um den Dreh rauszubekommen. Macht immer mehrere Aufnahmen, um auswählen zu können, und sucht dann das schärfste, klarste und beste Bild aus.

Der Anteil an Selfies

Wenn ihr euch euren Instagram-Feed als Fotostream anschaut, sollte das Verhältnis von Selfies zu allen anderen Fotos 1:12 betragen. Heißt übersetzt: Jedes zwölfte Foto, das ihr postet, kann ein Selfie sein. Alles, was darüber hinausgeht, könnte etwas zu narzisstisch rüberkommen (Ausnahme – wenn ihr ein Schönheits-Guru seid und gerne verschiedene Selfies in unterschiedlicher Aufmachung aufnehmt, um euer Feed abwechslungsreich zu gestalten).

Die Entfernung

Das hängt von persönlichen Vorlieben ab und schwankt je nach Länge des Arms. Der beste Rat, den ich geben kann: Haltet euer Handy weit genug vom Gesicht entfernt, damit das Foto euer Gesicht, eure Frisur und einen Teil des Oberkörpers zeigt (es sei denn, ihr wollt etwas über eure Nasenlöcher und die Poren eurer Haut erzählen).

Das Gruppen-Selfie

Wie Jennifer Lawrence, Ellen DeGeneres, Bradley Cooper und ihr Team von A-Promis uns bei der Oscar-Verleihung 2014 gezeigt haben, können Gruppen-Selfies preiswürdig sein. Wegen meiner Schwäche für Hintergründe versuche ich immer, meine Gruppen-Selfies (könnte man eigentlich auch Groupies nennen!) auf drei Leute zu beschränken – maximal –, damit ich auch noch etwas von der Umgebung mit in das perfekte Quadrat bekomme. Es ist nicht immer einfach, alle Personen, die bereit sind, mit auf das Foto zu kommen, gut zu arrangieren. Hier kommt nun die Investition in einen Selfie-Stick ins Spiel. So peinlich ein Selfie-Stick auch sein mag, er ist ein höchst effizientes Hilfsmittel. Ein Schnellversuch ohne diesen Stick: Verwendet die Timer-Funktion des Handys, aber dann habt ihr nur ein paar Sekunden, um die Kamera ruhig zu halten, während ihr eure Energie dafür aufwendet, begeistert zu schauen, anstatt sofort auf den Auslöser zu drücken.

Seid nicht zu streng mit euren Selfies. Auf ein einziges gutes Selfie kommen meist 49 ungenügende. Auch hier macht die Übung den Meister, genau wie beim Yoga (#namaste). Schießt eine Reihe Probeaufnahmen aus unterschiedlichem Blickwinkel, mit immer anderer Beleuchtung und diversen Kopfhaltungen, bis ihr das Foto und den Style gefunden habt, die der Inbegriff eures wahren Selfies sind. Es ist überhaupt nicht verrückt, eine Menge Fotos im Spiegel von euch aufzunehmen, bevor ihr eines auswählt, das würdig ist, gepostet zu werden (Kim Kardashian behauptet, sie würde 300 Fotos machen, bevor sie eines als Siegerfoto auswählt. Ich glaube das sofort).

EINE ZUSAMMENFASSUNG MEINER EMPFEHLUNGEN ZU SELFIES

01 **Postet Selfies in Maßen.** Ein Verhältnis von 1:12 ist hier der goldene Standard.

02 **Sorgt für ein klares und scharfes Bild.** Tippt auf das Display, um die Linse scharf zu stellen. Eine verschwommene Schnute macht sich nicht gut.

03 **Findet den richtigen Blickwinkel.** Jeder Blickwinkel ist anders, bewegt die Kamera daher in verschiedene Richtungen, bis ihr den Winkel gefunden habt, der die Vorzüge eures Gesichts zur Geltung bringt. Für den Anfang haltet das Handy etwas oberhalb eurer Sichtlinie, während ihr den Kopf leicht zu einer Seite dreht.

04 **Hellt das Foto auf.** Ihr wollt sicher nicht zu dunkel, zu gelbstichig oder so aussehen, als würdet ihr euren Grünkohl nicht vertragen. Sorgt also dafür, dass die Beleuchtung passt. Die beste Beleuchtung ist Tageslicht. Nehmt das Foto im Freien auf oder an einem Fenster. Lampen und/oder Licht von oben sollten einen milden Schein abgeben (das heißt die Leuchtstoffröhren im Büro sind nicht ideal).

05 **Hintergrund ist alles.** Ob eine einfache rosa Wand oder ein cooles Backsteinmuster an einem Gebäude, bedenkt immer, welchen Hintergrund euer Selfie hat. Spiegel sind eine feine Sache, aber bitte achtet darauf, was sich sonst noch alles darin spiegelt.

06 **Entfernung.** Haltet euer Handy je nach Länge eures Armes oder Selfie-Sticks von eurem Gesicht so weit entfernt, dass euer Kopf mit dem Haar und einem Teil des Oberkörpers auf das Bild kommt. Ein Foto, das zu nah aufgenommen wurde, kann unheimlich wirken.

Jetzt seid ihr an der Reihe

Ich schreibe meine hervorragenden Selfie-Fähigkeiten stundenlangem systematischem Ausprobieren zu. Und ich wünsche mir, dass ihr euch auch angewöhnt, den Umgang mit euren Selfies zu üben.

Die Welt braucht keine weiteren gelbstichigen, unscharfen Fotos von jemandem, der in einem Rückspiegel eine Schnute zieht, deshalb hier nun ein paar Hausaufgaben für euch (tut auch gar nicht weh, versprochen). Befolgt die unten genannten Schritte, um zu eurem ganz persönlichen Selfie zu kommen.

· Sorgt dafür, dass ihr mit eurem Gesicht zufrieden seid. Benutzt ein Pudertuch, pudert euch die Nase, tragt Lipgloss auf oder, wenn eure Haut einen Supertag hat, zeigt einfach euer frisches Gesicht. Was auch immer ihr tut, wichtig ist, dass ihr mit eurem Aussehen wirklich zufrieden seid.

· Sucht eine gute Tageslichtquelle — entweder draußen mit der Sonne hinter euch oder drinnen an einem Fenster, durch welches das Licht ebenfalls von hinten auf euch fällt.

· Schaltet auf die Frontkamera des Handys — ihre Qualität ist zwar nicht so gut wie die der Rückkamera, aber ihr könnt auf dem Display sehen, was ihr fotografiert.

· Haltet euer Handy mit nach vorne ausgestrecktem Arm und leicht gebeugtem Ellenbogen. Bewegt euer Handy vor und zurück, je nachdem, wie viel von eurem Gesicht und dem Hintergrund mit auf dem Bild zu sehen sein soll.

· Wenn ihr euch für eine bestimmte Entfernung für das Foto entschieden habt, haltet das Handy 15 Zentimeter über dem Kopf.

· Neigt das Handy im 45-Grad-Winkel nach unten.

- Fangt an zu knipsen!

- Sobald ihr mit dem Aufnahmewinkel und der Beleuchtung zufrieden seid, schaltet von der Frontkamera des Handys auf die hochwertigere Rückkamera um, die Bilder in besserer Qualität macht. Überprüft, dass der Blitz ausgeschaltet ist und macht neue Fotos.

- Nun kommt der amüsante Teil: die Nachbearbeitung. Öffnet eure Snapseed-App und importiert euer Lieblingsfoto. Stützt euch auf euer subjektives Urteil und macht euer Foto heller/dunkler, spielt mit Kontrast und Sättigungsgrad, bis ihr das Gefühl habt, das Foto sehe nun besser aus als zuvor. Speichert das Bild auf eurem Handy.

- Öffnet dann eure Facetune-App. Sind auf dem Foto irgendwelche kleinen Schönheitsfehler vorhanden, die verschwinden müssen? Arbeitet sehr dezent mit der Weichzeichner-Funktion der App — euer Ziel ist nicht, das Selfie in eine nicht mehr erkennbare Version von euch zu verwandeln, sondern nur ganz leicht zu verbessern, was eure Mama euch mitgegeben hat. Speichert euer Foto auf eurem Handy.

- Als Nächstes steht die VSCO Cam auf dem Nachbearbeitungsprogramm. Öffnet die App und importiert euer Selfie. Sobald euer Foto erfolgreich importiert ist, erscheint es auf dem VSCO-Gitter. Tippt euer Bild an und tippt anschlie-

ßend unten auf dem Display auf das Pinsel-und-Schraubenschlüssel-Icon. Nun seht ihr die VSCO-Filterauswahl. Ist kein passender Filter bei den voreingestellten dabei? Dann scrollt bis zum Ende der Filterauswahl, dort findet ihr einen Shopbereich mit noch mehr Filtern zum Herunterladen in der Preisspanne von kostenlos bis etwa sieben Dollar.

- Habt ihr einen Filter gefunden, der euch zusagt, tippt ihn doppelt an, um einen Schieberegler für die Filterstärke zu öffnen. Wie ich bereits erwähnt habe, verwende ich eine superschwache Stärke, um meine Fotos ganz leicht und unauffällig aufzupeppen. Aber die Wahl, wie stark die Filterwirkung sein soll, liegt alleine bei euch. Wenn ihr mit eurem Bild zufrieden seid, speichert es auf eurem Handy.

- Nun öffnet Instagram, importiert euer nachbearbeitetes Foto und schneidet es so zu, wie ihr es für angebracht haltet. Wenn ihr eure Hausaufgabe posten möchtet, könnt ihr dies nun tun. Wenn nicht, wisst ihr jetzt, wie ihr ein fantastisches Selfie aufnehmen könnt, auf das sogar eine Kardashian stolz wäre.

3

EINE GESCHICHTEN-ERZÄHLERIN WERDEN

Nachdem ihr nun ein gutes Verständnis dafür bekommen habt, wie ihr eure Fotos aufbauen und bearbeiten könnt, und Outfit-Fotos und Selfies gemeistert habt, wird es Zeit, an die vielen anderen erstaunlichen Dinge in eurem Leben zu denken, die ihr jeden Tag teilen wollt.

Wenn ihr seid wie ich, beschäftigt ihr euch mit sehr viel mehr als nur mit Mode (auch wenn ihr es absolut in Ordnung findet, für einen Sample Sale von Jimmy Choo zwei Stunden anzustehen). Es gibt beispielsweise so viel unglaublich tolles Essen zu verewigen (und zu verspeisen), wunderschöne Sonnenuntergänge zu knipsen (und zu bewundern), entspannende Tage am Pool zu dokumentieren (und zu genießen) und natürlich eure Liebsten zu zeigen – alles verdient einen Platz in eurem Fotostream.

Wie entscheidet ihr also am besten, was ihr fotografieren und dann posten wollt? Ich empfehle, den Tag ganz natürlich in einer anregenden Weise zu dokumentieren, aber auch vorauszuplanen. Es ist eine Kunst, die Motive zu wählen und als Erzählung zu präsentieren, sie hilft, die vollständige Geschichte eures unglaublich coolen Lebens zu zeigen.

Am Ende dieses Kapitels seid ihr Profi in folgenden Punkten:

- Ein Apfel oder doch lieber Armschmuck: Motive klug wählen.

- Die besten Techniken, um Fotos von Essen, Reisen und Innendekoration aufzunehmen – drei meiner Lieblingsthemen.

- Die Kunst, eine Geschichte mit Anfang, Mittelteil und Schluss in eurem Fotostream zu erzählen.

- Wie ein Flatlay am besten aufgenommen wird (und, was ein Flatlay überhaupt ist).

- Gefürchtete Instagram-Klischees vermeiden – und auch mal mit Freude bedienen!

- Wie ihr Instagram in euren persönlichen Stadtführer verwandeln könnt.

Also los – viele Fotos warten darauf, aufgenommen zu werden!

Ein Apfel oder doch lieber Armschmuck:
Motive klug wählen

Es hat einen Grund, warum sich so viele Millionen Menschen bei Instagram reinhängen: Sie sind visuelle Typen. Instagram setzt sich aus einzelnen Bildern zusammen, aber die Fotos, die ihr seht, sind oft viel mehr als nur zufällige Momentaufnahmen. In der richtigen Zusammenstellung helfen euch diese Fotos, coole Geschichten über euren Urlaub, euer Wochenende, die Schulabschlussfeier eures Bruders oder ein Abendessen am Freitagabend mit Freundinnen zu erzählen. Und es gibt eine Art, dies richtig zu machen.

Das Wichtigste zuerst: Ihr müsst ein Thema wählen – gar nicht so einfach, wenn ihr eure Handykamera ständig bei euch habt und nur darauf wartet, jede hübsche Blume, jede schaumige Latte Macchiato und jede geistreiche Neonreklame aufzunehmen, die ihr seht.

Hilfreich für die Entscheidung, was ihr in einer Welt voller Gelegenheiten posten wollt, ist immer, auf euren Leitspruch zurückzukommen. Ist euer Foto mit Blick auf diesen Leitgedanken sinnvoll und stimmt es damit überein? Wenn die Antwortet »Nein« heißt, sondert das Foto aus.

Wenn die Antwortet »Ja« lautet, folgt gleich die nächste Frage: Werden eure Follower das Foto mögen (oder euch genügend mögen, um es auf jeden Fall zu teilen)?

Ich bin lange genug auf Instagram, um mich etabliert zu haben. Ich poste jede Menge an #OOTD-Anregungen, Tacos und Ricotta-Pancakes (mein Lieblingsessen, auch wenn Pizza, Eis und Burger ebenfalls regelmäßig auftauchen), fantastische Sonnenuntergänge, die ich von meinem Haus in L.A. aus sehe und Detail-fotos von Schuhen, Sonnenbrillen, Blumen und Ähnlichem. Ich versuche, meinen Feed mit an-genehmen Dingen des Alltags zu füllen, während ich Kategorien poste, von denen ich weiß, dass meine Follower sie wirklich mögen und darauf antworten.

Wenn ihr neu auf Instagram seid, müsst ihr durch systematisches Ausprobieren und Expe-rimentieren den richtigen Weg finden – das hat auch für mich anfangs gegolten. Beispielsweise habe ich eine Menge Fotos von meinem Hund Charcoal gepostet. Obgleich er der niedlichste Hund der Welt ist (offensichtlich), wollte ich mei-nen Account nicht mit Fotos von ihm überladen. Deshalb habe ich für ihn einen eigenen Account eingerichtet (dies gleich als Tipp: Wenn ihr eine endlose Bilderflut von eurem Bello posten wollt, richtet einen Account nur für euer Haustier ein). Und weil die Leute, die Charcoals Account folgen, verrückt sind nach Hundefotos, bekommen die Charcoal-Bilder die Liebe, die sie verdienen. **Schlussfolgerung**: Das Publikum kennenlernen, Motive klug auswählen und den Followern das bieten, was sie sehen wollen.

Essen, Reisen & Inneneinrichtung:

Auch wenn ich der Meinung bin, dass sich so gut wie alles als Fotomotiv eignet: Wenn es um die erforderlichen Techniken geht, um verschiedene Motive zu verewigen, gibt es eindeutig einige wichtige »Dos« und einige nicht unwichtige »Don'ts«.

Euer Tagebuch

ESSEN

Wenn ihr mir auf Instagram folgt, wisst ihr, dass ich wahnsinnig gerne esse. Tacos, Avocado-Toast, Eis – einfach alles (nur halb so vergnüglich ist es, sich hinterher alles wieder abzutrainieren). Es ist also nur logisch, dass Essen zu meinen Lieblingsmotiven beim Fotografieren gehört. Ich poste Food-Fotos aber nicht, weil ich glauben würde, dass sich die Leute dafür interessieren, was ich esse, sondern ich mache diese Fotos, weil die Mahlzeiten normalerweise ein Highlight meines Tages und häufig wunderschön angerichtet und sorgfältig zubereitet sind.

Es gibt auch bestimmte Speisen, die auf Instagram im Trend liegen. Desserts sind immer beliebt (Donuts gefällig?), ebenso alles, was in Richtung Brunch geht (vor allem dieser bereits erwähnte Avocado-Toast; Extrapunkte gibt es für ein pochiertes Ei). In der Regel könnt ihr jedes Essen gut wirken lassen, solange es in erster Linie appetitlich aussieht. Ihr müsst nur üben, wie ein Foodstylist zu denken. Und so geht es:

Timing. Meine Freunde wissen inzwischen, dass ich erst mein Foto machen muss, bevor sie mit dem Essen anfangen dürfen (oder sie werden von künftigen Mahlzeiten ausgeschlossen). Sorgt also bei euch zu Hause dafür, dass ihr eure gewünschten Bilder aufnehmen könnt, bevor jemand zulangt (manchmal ergibt allerdings auch ein bereits angefangenes Essen ein cooles Foto. Mehr dazu auf Seite 126).

Arrangement. Richtet die Speisen auf eurem Tisch ordentlich an und sorgt dafür, dass alles sauber ist (eine verschmutzte Tischdecke und benutzte Servietten sind nicht sehr appetitlich).

Beleuchtung. Das richtige Licht ist bei Food-Fotos sehr wichtig. Dunkle Fotos sind leicht grieselig – das ist für Aufnahmen eines Esstisches nicht ideal. Abends im Restaurant solltet ihr das harte Licht von oben vermeiden.

Habt keine Scheu, eure Freunde zu bitten, ihre Handy-Taschenlampen einzuschalten, um für die richtige Beleuchtung zu sorgen. Tagsüber ist das Tageslicht immer am besten, versucht daher, sooft es geht, einen Tisch am Fenster zu ergattern. Hütet euch jedoch davor, euer Essen direkt in die Sonne zu stellen, denn sie könnte die hübschen Sonntagseier optisch verunstalten.

Blickwinkel. Essen fotografiere ich am liebsten aus der Vogelperspektive, gerne auch ganz direkt von oben. Wenn ihr nicht alles aufs Bild bekommt, was ihr fotografieren möchtet, braucht ihr euch nicht dafür entschuldigen, wenn ihr euch auf einen Stuhl stellt – auch nicht im Restaurant (ihr müsst natürlich die Schuhe ausziehen und saubere Socken tragen. Egal wie viele potenzielle Kunden ihr mit eurem Account erreicht, kein Restaurantchef wird Stilettolöcher im Lederbezug verzeihen und kein Mit-Gast wird auf böse Blicke verzichten, wenn eure Zehen seinen Nudeln zu nahe kommen).

Das Foto stylen. Aus der Vogelperspektive könnt ihr auch Oberflächendetails einfangen wie die Holzmaserung des Tisches, eine schöne Arbeitsplatte aus Marmor oder was sonst um das Essen herum zu sehen ist. Und ihr könnt Requisiten hinzufügen. Denkt beispielsweise an eine Sonnenbrille, einen Geldbeutel mit Monogramm oder eine Zeitung oder Zeitschrift. Selbst das interessante Muster des Tellers oder eine Leinenserviette werten das Bild auf (genau wie einfache Kräuter, etwas darüber gestreuter Käse oder ein Klecks Sauerrahm auf einer sonst langweiligen Schüssel mit Chili). Fügt nur nichts hinzu, was stark ablenkt oder sehr aufdringlich ist und dem eigentlichen Star des Fotos die Aufmerksamkeit stiehlt – dem essbaren Motiv. Und da ihr ein Bild gestalten wollt, das ausgefüllt, aber nicht chaotisch wirkt, versucht, zwischen den einzelnen Gegenständen circa 1,5 Zentimeter Abstand zu lassen.

Unvollkommenheiten akzeptieren. Damit das Foto fantastisch wirkt, muss das Essen nicht perfekt angerichtet sein. Haltet einen Löffel voller Morgenmüsli mit einer frisch und hübsch manikürten Hand, an der ihr einen coolen Ring tragt, und plötzlich erhält euer Frühstücksfoto eine völlig neue Dynamik. Eine Tüte mit halb geschmolzenem Eis ergibt ein Standard-Dessertfoto aus dem echten Leben. Ein sagenhaftes Stück Geburtstagskuchen, bei dem der Überzug verläuft, Krümel herumliegen und ein Stück bereits fehlt, kommt einem Fest gleich. Solche Details machen euer Essen authentisch. Wenn das »echte« Essen allerdings unappetitlich aussieht, sortiert das Bild aus (bitte kein mat-

1 2

3

1 Ein Foto aus der Vogelperspektive, direkt über dem Tisch aufgenommen.

2 Voilà! Perfektion von oben.

3 Wenn ihr die gesamte Mahlzeit in den Mittelpunkt stellen wollt, ist eine Aufnahme in einem schrägen Winkel weniger effizient.

schiges Curry und keinen Esstisch an Thanksgiving mit einem Cheeseburger-Pommes-Mischmasch).

Entfernung. Ich glaube nicht, dass es eine Standardentfernung gibt, aus der euer Handy die besten Essensfotos macht. Erinnert ihr euch aber, weiter oben im Buch, wo wir über das Zuschneiden gesprochen haben? Berücksichtigt diese Methode bei euren Essensfotos. Verzichtet auf den Zoom, haltet euer Handy mindestens 25 Zentimeter entfernt und schneidet das Foto später beim Bearbeiten so zu, dass euer Festessen formatfüllend ist.

1 2 3
4 5 6

1 Ich habe mein Frühstück aus einem interessanten Blickwinkel so auf dem Tisch platziert, dass auch die Mini-Fliesen zur Geltung kommen.

2 Der Avocado-Toast mit einem Ei sieht für sich alleine lecker genug aus, aber ein hübscher Teller kann nie schaden.

3 Die Frühstücksteller diagonal auf dem Tisch und im Foto leicht angeschnitten – deutlich interessanter, als komplett zu sehen und in die Mitte gestellt.

4 Ein Acai-Bowl ist mein Favorit (genau wie diese Sandalen und der Armschmuck).

5 Essen am Pool. Ein Spiel mit vier Diagonalen (ihr könnt gerne nachzählen).

6 Burger-Pause mit Details vom Outfit.

1 2
3

1   Noch mehr Acai-Bowls! Sie greifen das Beerenrot meiner Chanel-Handtasche auf.

2   Die Platten, Schüsseln und das Sandwich-Brett wurden strategisch und dynamisch platziert, um Bewegung ins Bild zu bringen.

3   Dieses Frühstück alleine hätte langweilig ausgesehen. Interessant wird das Bild durch die verschiedenen Texturen der Platzsets, Teller und der Holzstruktur des Tisches.

Nun bist du dran

Wirst du heute Abend in deiner Küche beschäftigt sein oder planst du einen vergnüglichen Abend mit deinen Mädels im Restaurant? Nimm deine Handykamera und übe, das Essen auf dem Tisch aus der Vogelperspektive zu fotografieren.

- Koche etwas oder bestelle ein Essen, bei dem dir wirklich das Wasser im Mund zusammenläuft. Du willst ja sicher kein Foto von einer halbgefrorenen Hühnerpastete instagrammen, auf die du gar keine Lust hast, oder? Natürlich nicht. Wähle etwas Leckeres, was deine Geschmacksknospen aktiviert.

- Bevor du alleine oder in einer Gruppe zum Essen gehst, entscheide, welche Elemente auf das Foto kommen sollen (auf einem Teller angerichtetes Essen, schönes Besteck, Cappuccino-Tasse) und was verschwinden soll (zerknitterte Papierservietten, mysteriöse Sauce als Beilage, die auf jeden suspekt wirkt, der sie nicht in natura vor sich sieht). Wähle anschließend ein oder zwei zusätzliche persönliche Accessoires, die auf das Bild kommen sollen und irgendwie in Zusammenhang damit stehen — beispielsweise eine Sonnenbrille, deinen Geldbeutel, Autoschlüssel, das coole Handy-Case einer Freundin oder irgendetwas anderes, was nichts mit dem Essen zu tun hat.

- Ordne nun alles nach der Drittel-Regel an, die wir am Anfang von Kapitel 2 besprochen haben. Halte dein Handy etwa 25 Zentimeter über das Essen (stelle dich dabei neben den Tisch oder auf einen Stuhl — mit sauberen Socken, wie zuvor schon erwähnt), sorge dafür, dass die Gitter-Funktion des Handys eingeschaltet ist und passe den Star des Fotos (das Essen, das am meisten zur Geltung kommen soll) in das Gitter ein. Versuche auch, Leerraum zu lassen — wie bereits erwähnt, sind mindestens 1,5 Zentimeter zwischen den einzelnen

Objekten ein guter Anfangswert. Arrangiere die Objekte immer wieder anders und kontrolliere dies auf deinem Display, bis alles gut aussieht. Vergiss nicht, dass die Objekte nicht perfekt ins Bild passen müssen — du kannst sie später bei der Bearbeitung entsprechend zuschneiden. Falls nötig, können einige Objekte auch nur zur Hälfte auf dem Bild sichtbar sein.

- Entferne jegliche Spritzer auf Tellern und Besteck und säubere auch sonst alles, was auf dem Foto unappetitlich wirken könnte.

- Die beste Option ist Tageslicht, schalte nach Möglichkeit jede grelle Beleuchtung von oben ab. Falls dies nicht möglich ist oder du im Restaurant bist, bitte deine Tischgenossen, die Tischlandschaft mit den Taschenlampen ihrer Handys zu beleuchten. Verwende jedoch nicht den Kamerablitz!

- Klick, klick, klick.

- Ist ein Foto dabei, das dir gefällt? Super, nun kannst du das Bild nachbearbeiten. Öffne deine Snapseed-App und importiere dein Foto. Verlasse dich auf dein Urteilsvermögen (und deine Augen — die Nachbearbeitung ist eine sehr subjektive Angelegenheit, jeder empfindet anders, was gut und was schlecht aussieht), helle dein Foto auf, experimentiere mit dem Kontrast und erhöhe, falls nötig, die Farbsättigung, damit das Essen noch farbiger aussieht. Wie-

derhole dies, bis du der Meinung bist, dass das Foto besser aussieht als am Anfang (und vergiss nicht: Du willst das Bild verbessern, du willst es nicht völlig verwandeln, sodass es nicht mehr zu erkennen ist. Also dezent vorgehen). Speichere dein Foto auf deinem Handy.

- Öffne deine VSCO Cam-App und füge den Filter hinzu, den du inzwischen vielleicht als deinen typischen Standardfilter ausgewählt hast. Speichere das Foto.

- Öffne das Foto in Instagram und schneide es nach Bedarf zu. Glückwunsch. Du hast soeben ein #foodporn produziert, das einem das Wasser im Mund zusammenlaufen lässt. Guten Appetit!

REISEN

Ich liebe das Reisen und muss mich wirklich immer wieder selber zwicken, wenn ich eine exotische Region besuche. Aber einige meiner liebsten Reisefotos entstanden nah der Heimat. Ein Ausflug in eine benachbarte Stadt, ein neues Stadtviertel, das man erkundet, und sogar ein Urlaub auf Balkonien sind es wert, fotografiert zu werden (die besten Reisen sind die, für die man nicht zwei Wochen im Voraus packen muss). Was mich betrifft, habe ich eigentlich jedes Mal das Gefühl zu verreisen, wenn ich das Haus verlasse. Lernt also, alle Abenteuer wahrzunehmen – egal wie groß oder klein sie sind – und teilt sie mit euren Followern auf schöne Art.

Wenn ich eine weitere Reise unternehme (wobei ich immer meine Glückssterne zähle), nutze ich sie immer als Gelegenheit, Fotos von der Architektur und der Landschaft aufzunehmen, die meinen Followern einen echten Eindruck von dort verschaffen. Letzten Sommer war ich zum Arbeiten in Kroatien und habe Wert darauf gelegt, nicht nur Fotos von den großartigen majestätischen Felsen und Stränden von Dubrovnik zu machen, sondern auch von den rustikalen Pflasterstraßen der Stadt, dem interessanten Ka-chelschmuck des Hauses, in dem ich wohnte, und – wie ihr sicher erwartet habt – den fantastischen Pizzen und den Meeresfrüchten, die ich gegessen habe. Ich habe auf der Reise jede Menge Fotos aufgenommen, weil ich keine einzige Sekunde vergessen wollte. Und als es ans Instagrammen ging, versuchte ich, eine komplette Geschichte der Reise zu erzählen mit einem Anfang (ein Foto am Flughafen mit meinem Gepäck), vielen Mittelteilen (den zuvor schon erwähnten Stränden, Gebäuden und Mahlzeiten, mit einigen Outfit-Posts und Details einiger Accessoires für die Ausgewogenheit) und einem Schluss (einer hübschen Szene am Wasser mit der einfachen Bildunterschrift »Bis bald«).

Ich wiederhole noch einmal – ihr müsst nicht weit reisen, um eine gute Reisegeschichte erzählen zu können. Ich arbeite mit denselben fotografischen Methoden, wenn ich auf einer Arbeitsreise in Kroatien bin oder eine Tagestour mit dem Fahrrad am Strand unternehme, nur 25 Minuten von mir daheim entfernt.

Egal wo ihr seid, ihr wollt ja nicht, dass sich eure Follower fühlen, als würden sie gezwungen, eine langweilige und endlose Diashow von Ur-

laubsbildern über sich ergehen lassen zu müssen (und wenn ihr einen Tag am Schreibtisch sitzt, wollt ihr mit liebevollen Erinnerungen an die schönsten Momente der Reise zurückdenken, wenn ihr euren Feed wieder anschaut). Folgendes also ist zu tun, wenn ihr auf Reisen fotografiert:

Verzichtet auf das Quadrat. Ja, es ist verlockend, alle künftigen Insta-Fotos mit der eingebauten Quadratfunktion des Handys aufzunehmen. Bei einer Reisekulisse nehmt aber besser ein reguläres Foto auf, um möglichst viel darauf einzufangen. Ihr könnt es später immer noch zuschneiden, wenn ihr es in quadratischer Form posten wollt (vergesst aber nicht, dass ihr inzwischen auch Bilder im Hoch- und Querformat auf Instagram posten könnt. Hurra! Wenn ihr euer Foto auf Instagram posten wollt, müsst ihr einfach nur die beiden Pfeile in der Ecke links unten auf dem Foto antippen, dann wird es im Originalformat angezeigt. Wirklich einfach).

Verzichtet auf den Zoom. Anstatt den Zoom eures Handys zu benutzen, um Details hervorzuheben, nehmt das Foto von möglichst nah auf und schneidet es später zu, um nichts von der Qualität zu verlieren und Probleme mit der Körnung zu bekommen.

Richtet euch nach dem Licht. In Kapitel 2 habe ich berichtet, dass die goldene Stunde – die Zeit direkt nach Sonnenaufgang und vor Sonnenuntergang – meine liebste Tageszeit für Selfies ist. Dasselbe gilt für fantastische Landschaften und Kulissen (es graut mir davor, für Sonnenaufgangswanderungen früh aufzustehen, aber zum Glück lohnen die in goldenes Licht getauchten Stadtlandschaften von L.A. diese Mühe). Es ist unverzichtbar, Fotos bei Sonnenaufgang und Sonnenuntergang zu planen, sucht daher die genauen Zeiten und einen Platz mit guter Aussicht. Wenn ihr bei eurer Planung wirklich professionell vorgehen wollt, hier ein Tipp: Es gibt eine App, Sun Seeker, die euch die genauen Sonnenstellungen am Himmel zu verschiedenen Tageszeiten sagt.

Spielt mit der Perspektive. Ein Strand, ein Wasserfall oder eine bezaubernde Seitenstraße können für sich alleine gut aussehen. Um jedoch die Größenverhältnisse eines Ortes mit einzufangen, zeigt euch (oder einen Reisebegleiter) ebenfalls mit auf dem Foto. Ein relativ kleiner Mensch neben einem großen Nationaldenkmal oder einem noch größeren Teil der Landschaft kann eindrucksvoll wirken. Vergesst auch nicht, nach oben zu schauen. Bäume, Gebäude und Berge wirken von unten völlig anders.

1 2 3
4 5

1   Eine Steinmauer in Kroatien ergänzte mein Spitzenkleid perfekt.

2   Das Hotel Burj al Arab in Dubai im Hintergrund. Ein Strandbild mit einem Kick: Meine Freundinnen sprangen im gleichen Moment hoch, sodass es aussah, als würde ich sie umwerfen.

3   Vor einer Yacht in Kroatien. Eine gute Gelegenheit, um #blessed zu sagen.

4   Ein Anfangsfoto für eine Reisegeschichte.

5   Ein Outfit-Foto mit meiner Schwester in der Altstadt von Dubrovnik.

Vergesst nicht, nach unten zu schauen.
Fotos von erhöhten Standpunkten aus aufzuneh-
men, kann bei Reisebildern unglaublich hilfreich
sein. Denkt an Wanderwege, Gondelfahrten,
Aussichtsplattformen auf Gebäuden und Balkone.
Ihr könnt sogar durch ein Fenster fotografieren.
Ihr solltet nur darauf achten, dass es sauber ist
und das Handy direkt an die Scheibe drücken, um
Spiegelungen möglichst zu vermeiden.

Fotos originell gestalten. Einige Orte haben
dieses gewisse Etwas, das den Instagram-My-
thos ausmacht (Restaurants mit hübschen
Lichterketten, ihr seid gemeint). Auch wenn ich
beliebte Orte und Attraktionen besuche, versuche
ich immer, möglichst originelle Fotos davon zu
machen. Wenn ihr also beispielsweise am Eiffelturm seid, überlegt, wie ihr ihn kreativ verewigen
könnt, nicht auf die übliche abgedroschene
Weise. Nehmt ihn von unten auf. Sucht ein paar
hübsche Blumen, auf die ihr scharfstellen könnt,
und fotografiert den Turm durch sie hindurch.
Wenn ich an einem Ort bin, der als Insta-Klischee gelten könnte (mehr dazu später), geotagge
ich ihn, schaue mir die besten Fotos an, die dort
aufgenommen wurden, und vermeide es, ähnliche
zu machen.

Details nicht vergessen. Auch wenn
monumentale Landschaften schöne Reisefotos
ergeben, sind kleinere Momente, die die Kultur
verewigen, ebenso wichtig, um eine Örtlichkeit
lebendig werden zu lassen. Ich stehe total auf
kunstvolle Fliesen (daher nutze ich den Hashtag
#IHaveThisThingWithFloors). Italien mit
seinen großartigen Fliesen ist daher gut geeignet,
um dieses Reisedetail zu verewigen. Dasselbe gilt
für die tollen Flügeltüren in Paris und den Grün-
tee-Latte in Seoul.

Für gerade Linien sorgen. Inzwischen
kennt ihr mein persönliches Lieblingsärgernis:
Fotos mit schiefen Linien. Nutzt die Gitter-
Funktion eurer Kamera und auch die Tools für
die Nachbearbeitung, damit eure Horizontlinie
wirklich pfeilgerade ist.

Innendesign ist meine Leidenschaft und große Liebe. Am Anfang dieses Buches habe ich erwähnt, dass ich geplant hatte, Innenarchitektin zu werden. Ich habe den verrückten Weg beschrieben, der mich letztlich zu meinem Blog, meinem Instagram-Account, meiner Modelinie, diesem Buch und all diesen unwirklichen Gelegenheiten geführt hat, die mir beschert wurden, weil ich nach San Francisco gezogen bin, um Innendesign zu studieren.

Obgleich *Song of Style* als Innendesign-Blog begann und sich schnell in ein Mode-Blog verwandelte, bin ich noch immer auf Innenarchitektur versessen und finde überall, wo ich hinkomme, Inspiration. Beleuchtungskörper, Fliesen und Farbzusammenstellungen fallen mir immer auf und ich ertappe mich dabei, dass ich in Restaurants und Geschäften, die ich besuche, auffälliges Dekor fotografiere. Anregungen für die Innenausstattung findet man überall (ich habe schon Fotos von herrlichen Möbeln und Blumenkompositionen in meinem örtlichen Nagelstudio aufgenommen) und das Posten von Fotos schöner Einrichtungen ist eine gute Möglichkeit, seinen Geschmack zu teilen und unter seinen Followern die Kreativität anzuregen.

Beim Fotografieren von Innenräumen und Innenausstattungen habt ihr unendlich viele Optionen. Wollt ihr einen ganzen Raum im Bild festhalten oder nur euren Nachttisch hervorheben, um ein paar eurer liebsten Besitztümer zu zeigen? Ich sage: Macht einfach beides! Und so geht es:

Das Tageslicht nutzen. Macht eure Fotos tagsüber bei geöffneten Rollläden oder Vorhängen – aber nur, wenn sich das Licht gleichmäßig im Raum verteilt, nicht wenn es grell wie ein Traktorstrahl direkt in den Raum trifft. Ein schmaler, sehr heller Sonnenstrahl macht es nämlich schwieriger, ein richtig belichtetes Foto aufzunehmen. Schaltet alle künstlichen Lichtquellen aus. Und wartet nach Möglichkeit auf etwas Wolkenstimmung. Wolken wirken als natürliche Lichtstreuer und machen das Beleuchtungsschema weicher.

Sauber machen. Erinnert ihr euch an Kapitel 2, in dem wir über Selfies gesprochen haben und über die potenziellen Risiken zu Hause (wie Schmutz und Unordnung), die in einem Spiegel-Selfie sichtbar werden können? Sauberkeit ist sogar noch wichtiger, wenn ein Raum die Haupt-rolle spielt. Beseitigt jegliche unbeabsichtigte Un-ordnung (Papierhaufen, Poststapel, Wäsche, die noch zusammengelegt werden muss, Kabelwirr-warr und sonstige chaotischen Dinge, die wir alle haben, die jedoch von der Instagram-Community ferngehalten werden können).

Auf Symmetrie achten. Ihr könnt bei eurem Motiv natürlich nach Symmetrien suchen (zum Beispiel Bücherregale, die beidseits eines Sofas stehen, zwei identische, gemütliche bunte Kissen auf einem Bett). Der wirkliche Schlüssel hier ist jedoch die Symmetrie im Raum. Wenn ihr die be-sagten Kissen auf dem Bett fotografiert, achtet da-rauf, auf beiden Seiten gleich viel Platz zu lassen. Dasselbe gilt für das Sofa und die Bücherregale. Symmetrische Bilder sind für das Auge angenehm (Innenarchitekten entwerfen mit diesem Prinzip im Kopf oft tolle Räume, also mischt auch mit).

Eckfotos. Niemand stellt etwas in die Ecke. Außer wenn es um Innenraumfotos geht. Begebt euch an jeden Schnittpunkt im Raum und prüft, aus welchem Blickwinkel sich das beste Foto ergibt.

Ein Stillleben zusammenstellen. Hier ein kleiner Grundkurs in Innendesign: Ein Stillleben ist eine kleine Zusammenstellung von Objekten, die in einem Porträt zusammengefasst werden, um eine Geschichte zu erzählen. Also etwa eine mit Blumen gefüllte Vase, eine faszinierende Lampe und ein gerahmtes Vintage-Foto eurer Großmutter auf dem Nachttisch neben eurem Bett. Das ist ein Stillleben. Oder einige Kunst- und Designbücher auf einem Kaffeetisch und daneben eine der schicksten Diptyque-Ker-zen. Auch das ist ein Stillleben. Wenn ihr diese kleinen Gruppen gleich gesinnter Objekte in euren eigenen Räumlichkeiten ausstellt, sagt das viel über euren Geschmack aus. Man findet solche Stillleben auch vielfach außerhalb der eigenen vier Wände in Geschäften, Cafés, Apotheken, Salons und anderen dekorierten Räumen.

LINKS Der Kenzo-Showroom in Paris. Um diesen wunderschönen Treppenaufgang angemessen in einem Foto festzuhalten, habe ich die vertikalen und horizontalen Linien perfekt ausgerichtet.

RECHTS Die Lobby eines Hotels in Beverly Hills. Die Deckenlampe lässt den Blick von der horizontalen Wand des Salons nach oben wandern.

1 2 3
4 5 6

1   Ich musste einfach das Kunstwerk und die eiserne Deckenlampe aufnehmen (dies sind Elemente in einem Raum, die ich immer zu fotografieren versuche).

2   Dieses Foto habe ich abends in einem meiner liebsten Nagelstudios, Enamel Diction, in L.A. aufgenommen, das Foto war daher ursprünglich nicht das hellste. Ich habe es in Instagram aufgehellt.

3   Blumen und High Heels sind immer großartige Requisiten für Innenraumfotos.

4   Um die schöne Architektur dieses Hotels in Todos Santos, Mexiko, einzufangen, stand ich in einer Ecke und habe die vertikalen Linien so gerade wie möglich ausgerichtet.

5   Für ein perfektes Stillleben neben meinem Bett war ich auf Augenhöhe mit dem Beistelltisch und den Produkten darauf, anstatt das Foto von oben oder unten aufzunehmen.

6   In meinem Lieblings-Wellness-Center in L.A., The Now, wollte ich die von Tulum inspirierte Ausstattung verewigen.

OBEN Um die Symmetrie dieses Raumes in West Hollywood zu fotografieren, stand ich auf einer Treppe direkt gegenüber von den Spiegeln und richtete sie mit dem Gitter-Tool meiner Handykamera aus.

GEGENÜBERLIEGENDE SEITE Hinreißend effektvolles Licht in meinem Schlafzimmer.

Nun bist du dran

Bist du bereit zu einem Innenraumfoto, das Kelly Wearstlers wichtigsten Kunden zufriedenstellen würde? Deine Hausaufgabe besteht darin, ein an der Architektur orientiertes Foto eines Innenraums aufzunehmen – entweder bei dir zu Hause oder in einem Restaurant, einer Boutique oder einem anderen Ort mit Wow-Effekt, wo du wichtige Design-Anregungen sammeln kannst.

- Wähle einen Raum, der mit Tageslicht durchflutet ist und fotografiere tagsüber. Starkes Kunstlicht ruiniert die Aufnahme. Wenn du nicht in einem öffentlichen Raum bist, schalte alle Lampen aus und öffne die Jalousien. Arbeite keinesfalls mit Blitzlicht.
- Wenn du nicht in einem öffentlichen Raum bist, entferne Kabel, Fernbedienungen und Haushaltskram. Im Restaurant oder in einer Boutique versuche, einen Teil des Raumes aufzunehmen, in dem am wenigsten von solchen störenden Dingen zu sehen ist.
- Schalte die Gitter-Funktion deines Handys ein und orientiere dich an den architektonischen Linien des Raums, während du die Kamera gerade auf eine Wand des Raumes richtest. Sorge dafür, dass die horizontalen und vertikalen Linien des Raumes mit dem Kameragitter übereinstimmen.
- Klick, klick, klick.
- Öffne deine Snapseed-App und importiere dein Foto. Mache es heller/dunkler, spiele mit der Farbsättigung und dem Kontrast und korrigiere die Schärfe soweit nötig. Klare helle Fotos sind hier ein absolutes Muss, experimentiere also mit den Snapseed-Tools, bis du den Eindruck hast, dass dein Foto einem

Bild aus einem Innendesignbuch ähnelt (scharf, hell, mit intensiven und dynamischen Farben, mit geraden Linien). Wenn du fertig bist, speichere dein Foto.

- Schlängelt sich ein elektrisches Kabel durch das Bild? Vielleicht sind in dem ansonsten fantastischen Café benutzte Servietten und Kaffeetassen zu sehen? Öffne deine Facetune-App und importiere dein Foto. In diesem Fall ist das Reparatur-Tool der App praktisch. Um unerwünschte Elemente aus dem Bild zu entfernen, zoome den betreffenden Bereich sehr nah heran, tippe auf das Reparatur-Icon und dann auf einen Teil des Bildes, mit dem du den Teil, der verschwinden soll, gerne überdecken möchtest (beispielsweise eine grüne Wand hinter dem Müll auf dem Tisch, den du dort nicht brauchen kannst). Es tauchen zwei Kreise auf. Ein Kreis kopiert, was auf dem Foto gerade unter ihm ist, während der zweite Kreis als Pinsel fungiert, der das einfügt, was der erste kopiert hat. Alles klar? Gut. Nun innerhalb eines Kreises Daumen und Zeigefinger zusammendrücken oder spreizen, um ihn zu verkleinern oder zu vergrößern, je nachdem, wie präzise die Reparatur werden muss. Du kannst auch in einen Kreis tippen und ihn bewegen, um mehr oder weniger Abstand zu schaffen. Experimentiere mit dieser Funktion, bis du dich damit wohlfühlst (glaube mir, es dauert seine Zeit, bis man es beherrscht, hab daher keine Scheu, alle möglichen Fotos zu importieren und

das Reparieren zu üben). Wenn du fertig bist, speichere dein Foto und gehe zum nächsten Schritt weiter.

- VSCO Cam öffnen und alles wiederholen, bis dein Signatur-Filter fest an Ort und Stelle ist.

- Wenn du soweit fertig bist, dass du dein Foto auf Instagram hochladen willst, schneide es nach Bedarf zu. Und am Ende bist du eine moderne Dorothy Draper.

Mit dem Fotostream eine Geschichte erzählen

Als ich mit meinem Instagram-Account anfing, war ich grottenschlecht im Geschichtenerzählen. Ich postete wahllos und zu selten Fotos – es war einfach uninteressant, dem zu folgen. Heute werden meine Fähigkeiten im Geschichtenerzählen besser, weil ich bei den Fotos in drei, sechs und neun Gruppen denke – Zahlen, an die ihr immer denken solltet, wenn ihr das Instagame spielt.

Ihr denkt ja bereits in Neuner- beziehungsweise Zwölfergruppen, um sicherzustellen, dass die Grid-Ansicht zusammenhängend und ästhetisch einheitlich ist. Wenn ihr nun aus vielen Fotos eine Erzählung zusammenstellen wollt – für unser aktuelles Lernziel eine visuelle Geschichte mit Anfang, Mittelteil und Schluss – sorgt dafür, dass die ersten drei, sechs, neun oder zwölf Fotos der Gridansicht einen zusammenhängenden Fluss haben und einander ergänzen.

Bedenkt auch immer, dass die ersten drei, sechs, neun und zwölf Bilder eures Grids der Welt den ersten Eindruck von eurem Feed verschaffen. Wenn ihr ein Blog, eine E-Commerce-Internetseite oder eine Boutique habt, betrachtet diese

Teile eures Geschäfts als euer Haus. Instagram ist der Rasen im Vorgarten. Euer Rasen soll sauber und für das Auge ansprechend sein, eine Einladung, an die Türe zu klopfen, das Haus zu betreten und sich umzuschauen. Die Handlung, die ihr mit den ersten paar Fotos in der Grid-Ansicht anreißt, muss schlüssig sein.

Immer wenn ich reise oder einige Tage außerhalb der üblichen Routine plane – wenn ich beispielsweise ein Wochenende zum Nationalfeiertag am 4. Juli für meine Freunde organisiere oder an der kalifornischen Küste eine Automobilausstellung besuche –, überlege ich, wie meine Reise eine richtige Geschichte erzählen könnte (mit Anfang, Mittelteil und Schluss), damit meine Follower wissen, was sie erwartet. Es ist auch wichtig, Übergänge zu posten. Ich poste zum Beispiel kurz vor der Abreise gerne ein Foto von meinem Gepäck oder von den Dingen, die ich einpacke, damit meine Follower wissen, dass ich startklar bin (ganz nebenbei sehe ich dadurch der Reise mit freudiger Aufregung entgegen).

Ihr müsst nichts Exotisches unternehmen, um eine fesselnde Geschichte zu erzählen. Sagen wir, ihr seid in einem richtig idyllischen Restaurant (Lichterketten gefällig?) und verspeist ein leckeres Essen. Ihr könntet ein #OOTD-Foto posten, bevor ihr das Haus verlasst, eine Innenaufnahme des Restaurants, um dessen coole Einrichtung zu zeigen, und dann ein Foto von dem Essen, das vor euch auf dem Tisch steht. Solange eure Geschichte einen Anfang, einen Mittelteil und einen Schluss hat, könnt ihr auch alltägliche Situationen in vollständige instagramfähige Momente verwandeln.

Letztes Jahr am 4. Juli richtete ich in L.A. für meine Freundinnen eine amüsante ungezwungene Party aus und lud meine Mädels zum Essen, Schwimmen und Feuerwerkgucken am Strand ein. Es war total chillig und im engen Kreis, die absolut perfekte Gelegenheit, meine Fähigkeiten im Geschichtenerzählen zu nutzen.

Anfang. Ich stellte das Wochenend-Outfit zusammen und machte ein Flatlay der Jeans-Shorts, der Sonnenbrille und meines selbst entworfenen Two Songs-Sweatshirts, der Dinge also, die ich an diesem Wochenende tragen wollte.

1 2 4
3

1 Flatlay meines Wochen-
end-Outfits, kunstvoll neben
dem Pool arrangiert.

2 Die Ruhe vor dem Sturm:
Der ruhige Innenhof der Cala-
migos Ranch in Malibu, bevor

die Festlichkeiten zum 4. Juli
begannen.

3 Auch der Flamingo hatte
Hunger.

4 Das Nachspiel – den Flamingo bin ich losgeworden und
beende das Wochenende mit
meinem Hund Charcoal auf dem
Schwan.

Mittelteil. Im Verlauf des Wochenendes postete ich Fotos von den angenehmen Dingen, die ich mit meinen Freundinnen machte. Schwimmen am Abend, schön gestyltes Essen und Bilder vom Brunch sowie, der Komik wegen, einige weniger anmutige Augenblicke (ich habe das alles aufgegessen, während ich auf einem riesigen aufblasbaren Vogel im Pool trieb – nicht mein bester Moment). Wichtig war dabei, die denkwürdigsten Aspekte des Wochenendes einzufangen und meinen Followern damit einen ehrlichen Eindruck von der Örtlichkeit zu verschaffen, sodass sie das Gefühl haben konnten, Teil der Festlichkeiten zu sein (und hoffentlich Anregungen für ihre eigenen Feiern zum Nationalfeiertag zu bekommen).

Schluss. Nach dem langen Wochenende in der Sonne war ich fix und fertig. Daher war das letzte Foto, das ich von meinem Wochenende zum 4. Juli postete, wie ich mit meinem Hund auf einem Schwan treibe – mit der einfachen Bildunterschrift: »Beim Chillen«.

Nicht jedes Instagram-Bild passt in eine größere Geschichte. In diesem Fall solltet ihr dennoch in drei, sechs, neun und zwölf denken und darauf achten, dass jedes Foto im Verhältnis zum vorherigen gut aussieht – wenn schon nicht vom Motiv her, dann doch bezüglich der Ästhetik und den Farben.

Zurück zu VSCO Cam, der Nachbearbeitungs-App, die ich in den letzten Kapiteln bereits erwähnt habe. Sie enthält eine Gitter-Funktion, sodass ihr tatsächlich eine »Generalprobe« veranstalten könnt, bevor ihr irgendetwas live auf Instagram postet. Ich kontrolle jedes Bild anhand des VSCO-Gitters, bevor es in meinen Feed darf. Ein Foto, das im Verhältnis zum vorherigen merkwürdig aussieht oder den allgemeinen Fluss meines Grids verdirbt, lösche ich, teste ein anderes und poste es nur, wenn ich das Gefühl habe, dass das Grid schlüssig wirkt.

Jeder Mensch ist ein Geschichtenerzähler und jeder hat eine andere Geschichte zu berichten. Mein Freund Zach hat ein Reiseunternehmen namens @passionpassport (sein eigener Feed ist @zachspassport) und er erzählt erstaunliche visuelle Geschichten über Beziehungen, die beim Reisen entstehen. Mein Freund Cubby (@cubbygraham) arbeitet für Charity: Water. Er macht wirklich schöne Fotos von seinen Freunden und erzählt in den Bildunterschriften deren Geschichten. Es gibt keine richtige oder falsche Art, eine Erzählung zu gestalten, solange ihr authentisch seid und der Fotostream gut aussieht, wird eure Botschaft eindrucksvoll wirken.

Flatlays und Produkt-Fotos:
gute und schlechte

Ihr habt sicher schon Flatlays gesehen, wenn ihr morgens wie üblich durch Insta scrollt. Wer den Begriff nicht kennt: Ein Flatlay ist ein Foto aus der Vogelperspektive von verschiedenen Objekten, die strategisch angeordnet sind und herkömmlicherweise eine einheitliche Farbzusammenstellung oder ein bestimmtes Thema haben. Sie werden häufig von Einzelhändlern gepostet, um neue Produkte oder Lagerbestände zu zeigen.

Ein gutes Flatlay ist visuell dynamisch und sieht aus wie aus einem Katalog (und kann eure Follower verlocken, die besagten hübschen Produkte zu kaufen, falls dies Teil eures Leitspruchs ist). Auf einem schlechten Flatlay sehen die Objekte einfach nur mies aus. Mit einem Flatlay wollt ihr nicht einfach nur mit dem prahlen, was ihr habt, sondern wollt Objekte, die euch lieb sind, in hübscher Form präsentieren.

Ähnlich wie bei scharfen, hellen, nicht herangezoomten Fotos, die wir bei der Food-Fotografie angesprochen haben, ist es das Ziel eines Flatlays, eine Gruppe ausgesuchter Objekte – Bekleidung, Accessoires, Schmuck, sogar Elektronik – auf gefällige und innovative Art zu präsentieren. Damit dies gelingt, müsst ihr so denken, als wärt ihr Stylistin für die Starprodukte von Net-A-Porter und müsst die Stücke so arrangieren, dass sie gut aussehen, sich aber auch in einem begehrenswerten Umfeld befinden.

1 2
3 4

1 Schönheitsprodukte eignen sich gut für Flatlays. Ich wollte meine Lieblings-Lippenstifte mit meinen Followern teilen, daher reihte ich sie mit abgezogener Verschlusskappe nebeneinander auf, um die verschiedenen Farbtöne zu zeigen.

2 Der Inhalt meiner Celine-Tasche wies zufällig goldene Akzente auf – Dior-Sonnenbrille, eine Larsson Jennings-Armbanduhr und Armreifen.

3 Outfit-Vorschau Nr. 1 – alles in Weiß.

4 Outfit-Vorschau Nr. 2 – alles in Schwarz.

Bevor ihr Objekte sammelt, um davon ein Foto zu posten, das viele Likes bekommen soll, entscheidet, was für eine Art von Flatlay ihr aufnehmen wollt und warum. Nachfolgend einige meiner persönlichen Favoriten:

01 **Beauty-Tipps.** Eva Chen (@evachen212), die Leiterin von Fashion-Partnerschaften bei Instagram, stellt monatlich Schönheitsprodukte, die sie neu ausfindig gemacht hat, zu einem Flatlay zusammen, und auch ich poste Fotos von Lotions und Cremes, die zu meiner Morgenroutine gehören. Ein Flatlay davon ist besonders hübsch, wenn auch die Tiegel und Flacons der Hautpflegeprodukte schön anzusehen sind.

02 **Der Inhalt meiner Handtasche.** Hier wird gezeigt – ihr habt es erraten –, was sich in eurer Handtasche, Unterarmtasche, eurem Rucksack oder einer sonstigen Tasche befindet und zwar zusammen mit dieser Tasche. Zu verschiedenen Gelegenheiten kann dies auch unter ein bestimmtes Motto gestellt werden (Silvesterabend oder der Beginn eines neuen Schuljahrs beispielsweise).

03 **Der Inhalt meines Gepäcks.** Genau wie »Der Inhalt meiner Handtasche«, nur wird hier gezeigt, was ihr für eine auswärtige Unternehmung einpackt (damit ist es bestens geeignet als Anfang einer Reisegeschichte, wie weiter oben besprochen).

04 **#OOTD.** Wer sagt denn, dass ihr das Outfit des Tages am Körper tragen müsst? Ihr könnt die Teile, die ihr anziehen werdet, in einem hübschen quadratischen Foto arrangieren und posten.

05 **Produkt-Flatlay.** Habt ihr gerade ein paar neue High Heels bekommen und seid wild darauf, sie zu zeigen? Oder was ist mit der neuesten Dior-Brille, für die ihr gespart und die ihr nun endlich ergattert habt? Manchmal ordne ich ein Flatlay um ein spezielles Objekt herum an und wähle ähnliche Farbtöne, damit ein einheitlicher Look entsteht (auch wenn das leicht zwanghaft wirken kann).

Das sind nur ein paar Vorschläge, aber ihr habt sicher verstanden, worum es geht. Solange die Produkte irgendwie zusammenpassen – entweder farblich (alles in Schwarz) oder thematisch (fünf coole Dinge, die ihr zum Geburtstag geschenkt bekommen habt, Partyausrüstung für den Feiertag) –, wird euer Flatlay auf einem guten Weg sein.

Nun kommt der amüsante Teil: das Zusammensuchen der Objekte. Greift für die Zusammenstellung eines Flatlays ein Ankerobjekt heraus, das alle Bilder miteinander verbindet. Bei einem Flatlay »Der Inhalt meiner Tasche« wird dieses Objekt wahrscheinlich die Handtasche selbst sein. Wenn ihr nicht gerade das Glück habt, den neuesten Rimowa Hartschalenkoffer zu besitzen, könnte der Anker von »Der Inhalt meines Koffers« ein wirklich cooles Häkelkleid sein, das ihr auf der Reise tragen wollt. Es ist unerlässlich, einen »Star« für das Foto auszusuchen, weil alles andere um dieses Objekt herum harmonisch und ausgewogen arrangiert werden sollte. Anschließend sucht ihr ein paar passende Gegenstände aus, die in dieses Foto eingestreut werden (dabei sind eure kreativen Fähigkeiten gefordert). Fragt euch selbst, ob die Gegenstände sinnvoll in ein größeres, allgemeines Lifestyle-Schema passen (ein Paar Flip-Flops würden für #Der Inhalt meiner Tasche wohl nicht mit einer mit Edelsteinen geschmückten Abendtasche harmonieren, aber der Lippenbalsam, den ich so gerne mag, der niedlich gemusterte Reiseschirm, den ich bei mir

trage, und mein wirklich cooles iPhone-Case würden gut passen).

Es gibt keine richtige oder falsche Anzahl von Objekten für ein Flatlay, wichtiger sind Harmonie und Ausgewogenheit des Fotos. Es soll nicht zu beengt wirken, als müsste jedes Teil um seinen Platz kämpfen. Ebenso wenig soll das Bild wie eine leere Schachtel mit zu viel Leerfläche wirken. Die einzelnen Artikel sollen sauber und homogen aussehen mit gleichmäßigen Abständen dazwischen – unabhängig von der Größe oder Form der einzelnen Teile.

Ihr müsst mit den Objekten spielen und durch Versuch und Irrtum herausfinden, welche Anordnung am gefälligsten wirkt. Es ist übrigens nicht nötig, dass alle Gegenstände in dieselbe Richtung schauen – werdet kreativ und dreht das eine oder andere Teil, sodass nicht alles supergerade daliegt, es sei denn, genau das würdet ihr anstreben.

Meine Checkliste für Flatlays, die ihr euch sofort einprägen solltet, folgt auf der nächsten Seite.

FLATLAY-CHECKLISTE

01 Beginnt mit einem Quadrat. Bei dieser Art von Foto muss alles in ein Quadrat passen, nehmt das Foto daher im quadratischen Modus der Handy-Kamera auf.

02 Der Hintergrund ist wichtig. Haltet den Hintergrund einfach, aber habt Spaß damit. Eine weiße Marmor-Arbeitsplatte oder ein einfaches weißes Betttuch sind meine beiden Favoriten. Kein Marmor in Sicht? Kauft im Bastelbedarf oder Baumarkt eine Rolle Papier mit Marmordekor und tut so als ob. Braunes Backpapier ist ebenfalls geeignet. Achtet nur auf einen Hintergrund, der einen Kontrast zu den Gegenständen bildet. Eine braune Sonnenbrille und eine braune Unterarmtasche wirken auf einem braunen Parkettboden nicht.

03 Arbeitet mit Tageslicht. Genau wie bei den Innenraumfotos, von denen wir weiter oben in diesem Kapitel gesprochen haben, solltet ihr nie Kunstlicht für ein Flatlay verwenden – es sei denn, ihr seid scharf auf einen Blendeffekt. Versucht, in einem Raum zu fotografieren, der von Sonnenlicht erhellt ist, ohne dass dieses direkt auf die Gegenstände fällt.

04 Ausgewogenheit und Harmonie sind gut. Achtet darauf, wie oben bereits gesagt, dass die Gegenstände zu einer ausgewogenen Wirkung angeordnet sind. Es soll weder zwischen den einzelnen Gegenständen noch an den Außenrändern zu viel Leerraum sein, aber doch so viel, dass das Quadrat nicht chaotisch und überladen aussieht. Es gibt hierfür keine exakten wissenschaftlichen Daten, ihr werdet also die Anordnung mit den Objekten ausprobieren müssen, bis das Bild für euer Gefühl gut aussieht.

05 Fotografiert von oben. Diese Art Foto wirkt nur aus der Vogelperspektive und ihr müsst euer Handy perfekt – und ich meine wirklich perfekt – gerade halten, ohne es zu kippen, sonst kommt es zu seltsamen Verzerrungen. Stellt euch auf einen Stuhl, haltet das Handy hoch genug, um alle Objekte ins Bild zu bekommen, und los geht's.

Insta-Klischees vermeiden

Beim Scrollen durch euren Feed habt ihr sicher schon folgende Motive gesehen:

· Selfies beim Sport
· Beine vor einem Strand oder Pool
· Sonntagsbrunch-Büfett
· Tragfläche eines Flugzeugs
· Schaumige Latte-Macchiato-Kunst
· Luftsprung
· Einen Laptop im Bett

Das, ihr Lieben, sind Instagram-Klischees. Und es gibt sie aus gutem Grund: Beine vor einem Strand oder Pool sehen sexy aus, der Schaum eines Latte Macchiato wirkt verlockend und ein Brunch ist lecker. Wir alle machen uns schuldig, mindestens eines dieser Klischeebilder gepostet zu haben (oder in meinem Fall, upps, die meisten davon). Ich glaube nicht, dass Klischees komplett vermieden werden müssen. Ihr solltet meine Philosophie inzwischen kennen: Was Glücksgefühle oder glückliche Erinnerungen hervorruft, verdient es, fotografiert zu werden. Obwohl die am häufigsten auf Instagram geposteten Motive in diese Kategorie fallen, muss man sie ja nicht so fotografieren wie alle anderen.

Wie weiter oben in diesem Kapitel bereits erwähnt, macht es mir bei Fotos von häufig geposteten Restaurants, Touristenattraktionen, Gassen, Museen, Hotels und weiteren Örtlichkeiten, die in meinem Feed häufig auftauchen, Spaß, sie immer wieder anders aufzunehmen – insbesondere, weil ich ständig an Orten und bei Veranstaltungen bin, an denen viele andere Blogger ebenfalls instagrammen. Nutzt die Funktion »Suchen & Erforschen« von Instagram, gebt den Ort ein, den ihr fotografieren werdet, dann seht ihr die »Top Posts« und die »Neuesten Posts«, die dort aufgenommen und gepostet wurden. Schaut euch an, wie die Top Posts aussehen. Werdet anschließend kreativ und macht völlig andere Fotos von dort.

Überlegt, wie ihr etwas, was bereits gepostet wurde, verbessern könnt. Es geht nicht darum, mit der Instagram-Community in Konkurrenz zu treten, sondern eher darum zu versuchen, euch selbst durch eure Fotos herauszufordern. Diese Methode erweitert euren kreativen Horizont und bringt den wahren Fotonarr in euch zutage.

Hier einige Alternativen für Fotos an beliebten klischeehaften Orten:

Integriert eine Person in euer Bild.
Natürlich könnt ihr dasselbe Foto von der Brooklyn Bridge aufnehmen wie Millionen andere Leute auch, die es vor euch gepostet haben. Aber wenn ihr selbst oder jemand, den ihr sehr gerne mögt, mit auf dem Foto zu sehen ist, wird es automatisch zu einem individuellen Bild von euch.

Integriert eine Sache in euer Bild. Ihr seid alleine unterwegs und eure Frisur ist für ein Selfie gerade nicht schön genug? Schnappt euch eine Eistüte, eine Sonnenbrille, eine niedliche Grußkarte oder eine andere Requisite, die ihr zur Hand habt, und fotografiert diesen Gegenstand vor einem Hintergrund, der als Klischee gelten könnte. Auch wenn das Foto eigentlich noch immer ein Klischee ist, hebt das Hinzufügen eines Gegenstandes, der in diesem besonderen Moment Bedeutung hat, das Bild automatisch von anderen ab.

Lasst die Bildunterschrift wirken. Bildunterschriften können viel bewirken. Wenn ihr wisst, dass ihr ein totales Klischeefoto aufnehmt (Luftsprung vor dem Eiffelturm vielleicht?), solltet ihr keine Scheu haben, euren Post mit etwas Selbstironie und Witz zu würzen. Ich habe Klischeebilder schon mit dem einzigen Wort »Klischee« als Bildunterschrift gepostet. Solange ihr über euch selbst lachen könnt, werden es auch eure Follower mit Humor nehmen.

Bei Insta-Klischees ist es nicht immer nur eine Örtlichkeit, die bereits im Übermaß fotografiert und gepostet wurde. Manchmal macht auch der Augenblick der Aufnahme ein Foto zu einem Klischee – beispielsweise das Foto vom »Reisepass vor dem Abflug«. Auch hier ist es wie bei jedem Klischeefoto wieder wichtig, ein persönliches Foto daraus zu machen. Wenn ich beruflich verreise und meine Reise mit einem Reisepass-Foto beginnen soll (ihr habt das in einem Feed bestimmt schon gesehen), fotografiere ich ihn in seiner Schutzhülle im Schlangenlederdekor, wodurch sich das Bild automatisch von einem anderen Reisepassfoto unterscheidet. Dasselbe gilt für das Motiv »Beine vor einem Pool«. Vielleicht habt ihr einen neuen Zehenring oder eine coole Nagellackfarbe. Egal um welches Klischeefoto es geht, sorgt immer dafür, dass es durch Details euer ganz persönliches Foto wird, dann ist es kein Klischee mehr, sondern euer Foto.

```
1 2 3
 4 5
```

1   Der Eiffelturm zieht unendlich viele Leute an, daher bin ich an einem Morgen sehr früh aufgestanden, um sichergehen zu können, ein Foto ohne einen Touristen im Hintergrund hinzubekommen.

2   Das Laptop-Foto kann ein Klischee werden, da ist die Kombination mit dem Frühstück im Bett und mit einem Bild von Song of Style eine geschickte Taktik.

3   Während meines Aufenthalts in Paris trainierte ich für den Los Angeles Marathon und beschloss, dafür die idyllische Straße entlang der Seine zu nehmen.

4   Ich habe dieses Foto gestaltet und meinem Freund genau gezeigt, wie ich die Aufnahme haben wollte (inzwischen wisst ihr ja, dass ich immer alles schön gerade haben möchte). Ich ließ ihn sehr viele Fotos machen, während ich bei der Installation Urban Light des LACMA (Los Angeles County Museum of Art) lief.

5   Alles richtiggemacht beim Schuh-Selfie.

#InstaGuide: *Mit Instagram Städte erkunden und leckeres Essen entdecken*

Was ich an Instagram besonders mag, ist die globale Community. Zu dem Zeitpunkt, an dem ich dieses Buch schreibe, teilen 400 Millionen Nutzer dort ihre Fotos. Instagram ist im wahrsten Sinn des Wortes seine eigene Suchmaschine. Und das bedeutet, dass es Millionen über Millionen mit Hashtag versehene Orte in aller Welt gibt und innerhalb dieser Orte wieder zahllose mit Geotag versehene Restaurants, Kneipen, Festivals und Ähnliches, die alle nur darauf warten, entdeckt und mit Nutzern in aller Welt geteilt zu werden. Es ist kein Geheimnis, dass ich gerne reise, und wenn ich neue Orte besuche, nutze ich inzwischen nicht mehr das Internet als erstes Mittel für die Planung der Reiseroute und für die Suche nach Örtlichkeiten, wo man gut abhängen kann. Ich gehe inzwischen direkt auf Instagram, um Geotags, Hashtags und interessante Örtlichkeiten zu suchen und darauf aufbauend meine Reise zu planen. Ich nutze Instagram sogar dazu, neue Freunde an Orten zu treffen, an denen ich noch nie war (ich kann heute sagen, dass ich in Chicago, Dubai und Island Leute kenne, nur weil ich

Direktnachrichten an Mit-Instagramer geschickt habe, deren Feeds mich fasziniert haben).

Natürlich müsst ihr keine Weltenbummler werden, um die erstaunliche Funktion »Erforschen« der Plattform nutzen zu können. Ich habe viele leckere Tacos, großartige Kunstausstellungen und Sales von Vintage-Klamotten nur ein paar Minuten von meinem Haus in L.A. entfernt gefunden, weil ich mich in die unbekannte Welt der Geotags/Hashtags aufgemacht habe. Instagram ist nicht nur eine Plattform, um Fotos zu posten – es ist auch eine Plattform, um fantastische Orte und Events zu entdecken, die ihr sonst verpassen könntet, egal wo ihr seid.

Und so geht es:

Beginnt mit einem Hashtag. Ihr seid beruflich unterwegs nach Dallas? Ihr verbringt ein Wochenende zu Hause in San Diego und wollt etwas unternehmen? Nutzt die Suchfunktion von Instagram, tippt Tags an und gebt den Namen des Ortes ein, auf den ihr neugierig seid. Ihr könnt die Suche stark verfeinern und in einzelnen Stadtvierteln suchen (beispielsweise den Bereich

#LosFeliz von Los Angeles), eher allgemein (#Chicago) oder sehr weit gefasst (#Island – so habe ich gesucht, als ich letzten Sommer erstmals dort war). Bei dieser Suche seht ihr die besten und neuesten Posts zusammen mit verwandten Suchen, die ihr auch ausprobieren könnt.

Mitten hinein in den Strudel. Nun kommt der amüsante Teil der Übung: Eure Suche wird Tausende von Ergebnissen bringen und es ist nun eure Aufgabe, Fotos anzutippen, die interessant aussehen. Wenn ihr ein Foto findet, das euch gefällt, tippt auf den Nutzernamen der Person, die das Foto geschossen hat, und schaut euch noch andere neuere Fotos in deren Feed an. Wenn diese Person dieselben Interessen zu haben scheint wie ihr, könnten euch auch die anderen Örtlichkeiten, die sie in ihrem Bereich instagrammt hat, zusagen (ich schaue immer nach Leuten, die Mode-, Reise- und Food-Fotos posten, denn es zeigt mir, dass wir einen ähnlichen Geschmack haben). Sehe ich ein Restaurant, ein zum Brunchen geeignetes Lokal, ein Wahrzeichen oder eine Boutique, die interessant aussieht, tippe ich auf den dazugehörigen Geotag (oder gebe den Namen im Suchfeld »Orte« ein) und forsche noch etwas genauer nach. Sieht es nach einem hübschen Ort aus mit gutem Essen und einer angenehmen Atmosphäre, merke ich vor, ihn zu besuchen.

Die Hausaufgaben erledigen. Zur Vertiefung der Detektivarbeit könnt ihr Yelp konsultieren, dort findet ihr Details zu den von Insta favorisierten Orten (Öffnungszeiten, beste Speisekartenauswahl, beste Reise-/Besuchszeit et cetera). Auf diese Weise gibt es keine Überraschungen, wenn ihr dorthin kommt.

Hier kommt Google mit ins Spiel. Nachdem ihr Zeit mit euren Nachforschungen zugebracht habt, greift ihr auf Google zurück und sucht die Top-Instagrammer in der Stadt, auf die ihr neugierig seid. Ihr findet jede Menge Listen und Zusammenstellungen von Top-Instagrammern auf allen möglichen Websites.

Insta-Suche zweiter Teil. Sobald ihr mit diesen neuen Infos ausgestattet seid, geht ihr wieder auf die Suchfunktion von Instagram, tippt auf »Leute« und seht, wo die Instagram-Prominenz in der Stadt, über die ihr euch informiert, aktiv ist. Als ich 2014 in Chicago war, entdeckte ich zwei Top-Instagrammer der Stadt im Internet – @swopes und @ pauloctavious – und schickte beiden sofort eine Direktnachricht, in der ich mitteilte, ich sei für ein paar Tage in der Stadt und wäre für ein paar Empfehlungen dankbar (ihr wisst ja, dass ich tatsächlich mit allen kommuniziere). Beide Instagrammer antworteten mir und nahmen mich liebenswürdigerweise zu einigen ihrer liebsten Lokale in Chicago mit (Lou Malnati's Deep Dish-Pizza gefällig?). Natürlich unterhält sich nicht jeder so gerne mit Fremden wie ich (und wie bei allen Dingen im Internet solltet ihr euren gesunden Menschenverstand einsetzen und immer vorsichtig sein), aber ihr solltet wissen, dass Top-Instagrammer eine erstaunliche Informationsquelle sind – ob ihr sie nun persönlich trefft oder nicht.

Follower checken. Habt ihr zuverlässige Instagrammer gefunden, schaut euch an, wem sie folgen. Die Chancen stehen gut, dass sie die Feeds anderer cooler Seelen vor Ort abonniert haben – die Feeds von Leuten also, die euch zu eurem nächsten fantastischen Reiseabenteuer führen oder lebenslang zu Freunden werden können.

Instagram hat auch innerhalb seiner praktischen »Suche und Erforschen«-Funktion eine Zusammenstellung von Trending Places. Dort findet man die Top-Posts von Musikfestivals, Konzerten, Modewochen und Sportereignissen aus aller Welt in Echtzeit. Auch wenn ihr vielleicht in absehbarer Zeit keine Reise zu einem dieser Trending Places plant, bieten das Durchchecken von Orten und Örtlichkeiten, die euch interessieren, und das Eintauchen in den Strudel gute Anregungen für die Planung, wenn ihr euch

später dafür entscheidet, diese Reiseoption zu wählen.

Das oben Genannte trifft auch zu, wenn ihr interessantes Essen entdecken wollt – was für mich immer eine Priorität ist. Instagram hat eine erstaunliche Community von Instagrammern, die vom Essen geradezu besessen sind und als Köche oder Food-Blogger arbeiten oder einfach nur coole normale Leute sind, die gerne essen. Die Food-Fotografie hat ein Eigenleben entwickelt, daher ist es verständlich, dass Horden von Amateuren und Profis mit ihren Geschmacksknospen und Kameras Gefallen an der Plattform finden.

Wenn ich überall dort, wo ich mich aufhalte, gutes Essen entdecken möchte, folge ich demselben Plan wie bei der Zusammenstellung meiner allgemeinen Reiseroute. Ich beginne mit einer Websuche von »Top-Food-Instagrammern«, gefolgt vom Namen der Stadt, die ich besuchen werde. Anschließend falle ich in das schwarze Insta-Loch und tippe wild herum, bis ich Essen finde, das mir das Wasser im Mund zusammenlaufen lässt. Yelp ist ein Muss, um genau nachzuprüfen, ob ein Restaurant, dessen Besuch vorgesehen ist, nicht nur ein Lokal ist, wo ich ein cooles Foto vor ein paar romantischen Lichterketten aufnehmen kann.

Für den Anfang nenne ich euch hier einige meiner liebsten Food-Accounts, denen ihr folgen könnt. Sie leisten einen großartigen Beitrag, um interessante Restaurants in aller Welt zu präsentieren (und mir jedes Mal das Wasser im Mund zusammenlaufen zu lassen, wenn ich ihre Feeds anschaue):

@infatuation

@bonnietsang

@tastingtable

@foodzmything

@weekendbreakfast

@lindseyeatsla

4

FINDET UND VERGRÖSSERT EUER PUBLIKUM

167–181

Nachdem ihr nun mit der Dynamik eines perfekten schönen Insta-Fotos vertraut seid, das viele Double Taps bekommen kann, wollen wir das auch Realität werden lassen, denn es kann erst geschehen, wenn das Bild auf Instagram hochgeladen wurde. Es wird nun Zeit, dass ihr einige Follower bekommt (es sei denn, euer Feed ist privat), damit ihr anfangen könnt, fantastische Momente eures Lebens zu teilen.

Meine Instagram-Fangemeinde hat sich ganz organisch entwickelt. Ich habe für meine Follower nie etwas gezahlt, sondern bin meinem Leitspruch treu geblieben, die Menschen durch mitreißende Fotos zu inspirieren, die mein Leben im Bild festhalten. Auch wenn der Content entscheidend ist und gute Fotos letztlich das sind, was Beachtung findet, gibt es durchaus Tools und strategische Tricks, die dafür sorgen, dass eure Followerzahlen konstant steigen. Und vergesst nicht: Es geht nicht nur um wachsende Zahlen, sondern auch um Engagement. Es bedeutet nichts, wenn ihr Millionen Follower habt, aber nur etwa hundert Leute eure Bilder liken und sich weiter nicht engagieren. In diesem Kapitel arbeiten wir an folgenden Punkten:

- Hashtag gegenüber Geotag (und wann man beide benutzt).

- Wie man markiert (taggt), erwähnt (mentioned) und Shoutouts auf sozialen Netzwerken postet wie ein Profi.

- Wie man richtig ins Gespräch kommt und sich in Gespräche mit einschaltet (ohne ein totaler Schmeichler zu sein).

- Warum das Timing so wichtig ist, wenn es darum geht, die Zahl der Follower zu erhöhen — und nicht zu vergraulen.

Seid ihr bereit, euer Publikum zu vergrößern? Dann lest weiter!

Hashtag gegenüber Geotag und was das überhaupt bedeutet

Über Hashtags haben wir zwar immer wieder im Buch gesprochen, aber hier dennoch eine kleine Auffrischung: Instagram ist seine eigene Suchmaschine geworden und mithilfe eines Hashtags vor einem Begriff oder kurzen Satz wird es möglich, andere Bilder auf Instagram zu sehen, die einen Hashtag mit demselben Begriff haben. Jedesmal wenn ihr das #-Symbol vor ein Wort oder einen Satz (ohne Leerstellen dazwischen) setzt, wird dies automatisch ein auffindbarer Hashtag, den die gesamte Community antippen kann, um eine Fülle weiterer Fotos mit demselben Hashtag sehen zu können. Schlicht und einfach: Es ist eine der besten Möglichkeiten, wie die Leute eure Fotos finden. Alles klar?

Gut.

Es gibt zwei Arten von Hashtags: Die einen werden für Events verwendet, die anderen spezifischer für ein bestimmtes Foto. Wenn ihr beispielsweise bei euch zu Hause eine Zuschauerparty für die Oscar-Verleihung veranstaltet, könntet ihr #Oscars2016 verwenden, sodass euer Foto in der allgemeinen Contentflut dieses Tages auftaucht. Ihr könntet aber auch einen Hashtag kreieren, der nur für euch und eure Gäste bestimmt ist (#AimeeDoesOscars) und es euren Freunden und Followern leichter macht, Fotos von eurer Party zu sehen.

Ihr habt wahrscheinlich schon spezifische Hashtags für verschiedene persönliche Ereignisse gesehen (#ZachWird30 für eine Geburtstagsparty; #AliHeiratet für den Junggesellinnenabschied einer Freundin) und für größere Marketing-Initiativen wie Filmpremieren und Fashion-Launches und Riesenevents wie #Coachella. Solche Hashtags sind effizient, weil sie durch massenhafte Nutzung dafür sorgen, dass eure Fotos leicht entdeckt werden, was wiederum dazu führt, dass sie von mehr Menschen angeschaut werden. Dadurch habt ihr die besten Möglichkeiten, von Usern gefunden zu werden, die eure Fotos liken und eurem Feed folgen (was sie natürlich tun werden, weil ihr dieses Buch aufmerksam gelesen habt).

Immer wenn ihr auf einem Konzert, Event, Vortrag oder irgendwo seid, wo sich große Menschengruppen versammeln (ausgenommen Kirchen und Gottesdienste an hohen Feiertagen), sucht nach Marketingmaterial, einer Einladung oder der Website dieses Events, um zu sehen, ob es einen offiziellen Hashtag gibt. Dann könnt ihr alle Fotos oder eine Auswahl von diesem Event markieren, damit die Leute euch leichter finden und mit euch kommunizieren – anders gesagt, damit sie euch liken, kommentieren und euren Post teilen.

Um es noch einmal deutlich zu machen: Diese Methode eignet sich am besten, wenn ihr irgendwo seid, wo auch viele andere Leute dieselbe Sache hashtaggen. Und wenn ihr diejenigen seid, die die Geburtstagsparty oder Brautparty organisieren, sorgt dafür, für eure Gäste einen persönlichen Hashtag zu verwenden, damit alle ihre Follower das Gefühl haben können, dabei gewesen zu sein.

Hashtags, die spezifisch zu einem bestimmten Bild gehören, sind eine völlig andere Liga. Ihr habt das sicher schon gesehen (und müsst euch vielleicht schuldig bekennen, es selbst bereits so gemacht zu haben): Zwanzig verschiedene Hashtags in einer einzigen Bildunterschrift. #Geburtstag #Cupcakes #Love #Ballons #Party #Blumen #Freunde #Geschenke #Glücklich #OMG #Stopp #ReichtSchon #ZUVIELEHASHTAGS. #FOLGENNICHT.

Übermäßiges Hashtaggen gehört zu den ärgerlichsten Dingen, die ihr auf Instagram tun könnt (abgesehen davon, viel zu viel zu posten oder fünf Selfies in einer Reihe hochzuladen – ihr wisst schon ...). Das ist nicht nur für eure Follower lästig, sondern auch keine wirksame Strategie zur Vergrößerung eurer Fangemeinde.

Aber Aimee, werdet ihr jetzt wahrscheinlich denken. Meine Mama und ihre Freundinnen machen das ständig!

Eben.

Hashtags sollten sparsam und strategisch genutzt werden, wenn sie dazu beitragen sollen, eure Fangemeinde zu vergrößern.

Nachdem ihr mit Hashtags jetzt #aufdemLaufenden seid, wollen wir darüber sprechen, wie ihr eure Fotos geotaggen könnt – also über eine weitere effektive Möglichkeit, Fans für eure schönen Fotos zu finden.

Ein Geotag ist ein auffindbares Element, das eurem Post eine geografische Lage hinzufügt, sodass andere Instagrammer euch anhand des Ortes, an dem ihr euch aufgehalten habt, finden können. Wahrscheinlich habt ihr Geotags auf Instagram bereits bemerkt, es ist dieser kleine

GEBOTE FÜR HASHTAGS

01   **Verwendet höchstens fünf Hashtags. In Ordnung?**

02   **Hashtaggt Marken, keine Artikel.** Ihr tragt eine weiße Bluse? Anstatt zu schreiben #weißeBluse, solltet ihr den Designer hashtaggen. Auf diese Weise finden euch die Fans des Modelabels und ihr habt bessere Chancen, deren Herzen zu gewinnen.

03   **Verwendet keine wahnsinnig beliebten Hashtags.** Eine Schnellsuche auf Instagram für #OneDirection ergibt über 50 Millionen Ergebnisse. Ja, eine Fünfzig und sechs Nullen. Wenn ihr jedoch in der Ergebnisliste derselben Suche nach unten scrollt, seht ihr, dass es für #onedirectioners nur noch 38 000 gehashtaggte Fotos gibt und #onedirectionobsession 25 000 hat. Und es gibt noch andere Optionen. Nehmt einen weniger häufig genutzten Hashtag, damit euer Foto nicht in der Masse untergeht. Das gilt auch für beliebte Wörter und Sätze. Ein Warnbeispiel: #Love hat erstaunliche 757 Millionen Suchergebnisse. Also werdet kreativ und findet einen Mittelweg zwischen total populär und unter dem Radar, damit ihr die besten Chancen habt, bei den Suchergebnissen ganz nach oben zu kommen.

04   **Schreibt klare Bildunterschriften.** Noch einmal: Mit einer Bildunterschrift, die mit Massen von Hashtags überladen ist, verscherzt ihr es euch mit euren Followern, denn diese werden noch tagelang die Augen verdrehen. Ein oder zwei Hashtags sind in Ordnung, die anderen kommen in den Kommentar (übrigens: Fünf ist das Maximum für Bildunterschrift und Kommentar *zusammen*).

Ortsname direkt unter dem Namen des Users, der ein Foto postet. Instagram-Posts haben dieses Element, diesen »Tag«, nicht automatisch, ihr müsst ihn manuell eingeben. Aber sobald ihr das gemacht habt – ähnlich wie bei einem Hashtag –, könnt ihr den Geotag antippen und andere Fotos sehen, die ebenfalls einen Geotag für diesen Ort haben. Geotags machen genau wie Hashtags eure Fotos besser auffindbar.

Wenn ihr dabei seid, ein Foto zu posten, seht ihr auf dem Instagram-Display »Ort hinzufügen«. Tippt auf das Feld, dann wird euch eine Liste mit Orten vorgeschlagen, von denen die schlauen Köpfe bei Instagram glauben, dass ihr euer Foto dort geschossen habt. Manchmal ist hier ein Treffer dabei, manchmal aber auch nicht – in diesem Fall könnt ihr eintippen, wo ihr gewesen seid (oder einen neuen Ort generieren, wenn der Ort, wo ihr im echten Leben gewesen seid, so cool und noch so unbekannt ist, dass er noch nicht einmal in der Welt der Social Media existiert). Et voilà! Nun hat jemand, der auf den Geotag des Ortes stößt, wo ihr euer Foto aufgenommen habt – entweder durch »Suchen« oder weil er ihn über den Feed eines anderen Nutzers entdeckt hat –, eine gute Chance, auch euer Foto zu sehen.

Ihr könnt so allgemein oder spezifisch geotaggen wie ihr wollt, benennt entweder ganze Länder, Städte, Landkreise, Kneipen, Restaurants, Boutiquen, Parks – die Optionen nehmen kein Ende. Gibt es einen Ort, den ihr nie und nimmer geotaggen solltet? Ja, euer Haus oder irgendeinen privaten Ort, den ihr nicht öffentlich machen wollt. Ihr würdet ja auch nicht eure Privatadresse – oder die eures Freundes oder eurer Mama – für alle Welt sichtbar in euer Instagram-Profil stellen, oder? Geotaggen ist weitgehend dasselbe, also geht klug damit um!

Ihr solltet auch vorsichtig sein mit dem Geo-taggen von Hotels, sonstigen Unterkünften und den Häusern von Freunden, wenn ihr auf Reisen seid. Ich geotagge die Hotels gerne, in denen ich auf einer Reise übernachte, aber immer erst, nachdem ich ausgecheckt habe.

songofstyle
Vik, Iceland   15w

songofstyle
Bermuda (Kings Wharf)   10w

songofstyle
Florence, Italy   16w

songofstyle
Painted Canyon, Mecca Hills   23w

songofstyle
LACMA Los Angeles County Museum of...   7w

songofstyle
Unfinished Church   9w

songofstyle
Paris, France   1w

songofstyle
Paradise Beach, El Nido, Palawan   28w

songofstyle
The Peninsula Paris - Official   2d

Markieren (Tagging) und Erwähnen (Mentions): *Eure Shoutouts im Sozialen Netzwerk*

Eine weitere Möglichkeit, wie eure Fotos von der Instagram-Community entdeckt werden können, ist über normale »Tags« und »@mentions«. Was sind das für Zauberdinge, werdet ihr fragen? Ich erkläre es euch.

Von einem »Tag« spricht man, wenn ihr den Benutzernamen eines anderen Users zu eurem Foto hinzufügt. Dieser Nutzer wird darüber benachrichtigt, dass er markiert wurde, und sieht dann euer Foto. Da Instagram eigentlich ein soziales Netzwerk ist, ist das Markieren der Puls der Plattform: So könnt ihr auf eurem Feed ein »Shoutout« für jemanden abgeben und eure Follower können anschließend den Nutzernamen dieses Instagrammers antippen und dessen Fotostream sehen.

Ihr könnt Freunde und Familienmitglieder taggen, die auf euren Fotos zu sehen sind, Haustiere, falls sie ihren eigenen Account haben, den Benutzernamen eines Geschäfts oder Res-

taurants, das ihr regelmäßig besucht – oder jede andere Person oder Sache, wenn ihr dazu in der Stimmung seid.

Wenn ihr dabei seid, ein Foto zu posten, findet ihr auf eurem Instagram-Display ein Feld »Personen markieren«. Klickt eine beliebige Stelle in eurem Foto an, dann erscheint ein Feld: »Wer ist das?« Fangt an, den Nutzernamen der Person, die ihr markieren wollt, einzutippen, dann wird der Name von Personen, denen ihr folgt, automatisch ergänzt. Wenn ihr den Benutzernamen einer Person nicht kennt, keine Sorge, tippt einfach ein, was ihr euch als deren Benutzernamen vorstellen könnt oder auch deren echten Namen und tippt dann auf »Suche«. Das könnt ihr mit so vielen Nutzern machen, wie ihr wollt, es gibt keine allgemeingültige Regel oder beste Praxis für das Markieren in einem Foto. Es ist einfach eine Möglichkeit, sozial aktiv zu sein, dabei aber die Bildunterschrift übersichtlich zu halten. Denkt daran, dass jede Person, die ihr markiert, darüber benachrichtigt wird und sehen kann, dass ihr sie markiert habt (einschließlich eures Schwarms, des Ex und des Chefs).

Wenn ich Outfit-Fotos poste, markiere ich gerne die Marken, die ich trage, oder den Ort, an dem ich bin (Handy-Case, Koffer, Nagelstudio und sonstige Artikel und Örtlichkeiten). Warum? Weil ich meinen Followern damit helfen kann, neue Marken zu entdecken, zu sehen, was ich trage, und herauszufinden, wo ich diese tolle Maniküre bekomme. Markieren beziehungsweise taggen trägt dazu bei, innerhalb der Community Wohlwollen aufzubauen. Ihr werdet feststellen, dass Geschäfte, Freunde und Familienmitglieder tatsächlich gerne eure Sachen weiterposten. Betrachtet es als Marketingstrategie eures Accounts.

Es gibt noch eine andere Möglichkeit, der Insta-Community zu zeigen, dass man sie schätzt: durch »@mention«. Das entspricht den Tags, nur erscheint es in der Bildunterschrift und nicht im Foto. Da ich ein großer Fan übersichtlicher Bildunterschriften bin, nutze ich diese Funktion eher selten. Sie sollte aber unbedingt als Teil eurer routinemäßigen Bildunterschriften berücksichtigt werden, um Posts möglichst freundlich und wohlwollend zu gestalten (niemand mag einen Insta-Einsiedler).

Wenn ihr das Symbol @ vor einen Benutzernamen stellt, wird dieser für die Community auffindbar. Diese kann den Benutzernamen antippen, um dessen Account und dessen Fotostream anzuschauen (außer natürlich, es handelt sich um einen privaten Account).

Denkt immer daran, beim Schreiben der Bildunterschriften ihr selbst zu bleiben. Macht einen Scherz oder eine Beobachtung oder sagt einfach, wenn ihr etwas mögt – oder nicht mögt –, was euch begegnet. Wie weiter oben bereits erwähnt, solltet ihr versuchen, nach Möglichkeit eine @mention ganz natürlich einzupassen (selbst wenn ihr ein Foto von einem Zeitschriftencover postet, während ihr in eurem Lieblings-Café sitzt, stehen die Chancen gut, dass beide einen Instagram-Account haben und nur darauf warten, von Stammkunden wie euch markiert zu werden).

Genau wie bei den Tags wird bei dieser Methode, mit der ihr der Community gegenüber Wertschätzung demonstriert, jeder benachrichtigt, den ihr mit @mention gepostet habt. Das erhöht eure Chancen, selbst mit entsprechender Wertschätzung belohnt zu werden.

MENTIONS IN KOMMENTAREN VERWENDEN

»Ich werde NYC vermissen, aber es wird Zeit, wieder nach L.A. heimzukehren. Danke @thenomosoho, das ich jeden Morgen mit dieser Aussicht aufwachen durfte.«

»Acai-Bowl nach meinem morgendlichen Training mit @bodiesbypatrick.«

»Wir feiern das erste Buch meiner guten Freundin @louiseroe.«

Eine Konversation führen

Eine weitere Gelegenheit, @mention zu verwenden, ergibt sich in einem Kommentar oder wenn ihr eine Konversation beginnt, was zu den wichtigsten Dingen gehört, die ihr auf Insta tun könnt.

Wie ihr das ganze Buch über immer wieder von mir gehört habt, könnt ihr euer Instagram-Feed nutzen, wie ihr wollt. Nicht jeder will es sehr ernst nehmen und es funktioniert ebenso gut, wenn ihr lediglich Katzenfotos mit euren besten Freunden austauschen wollt (ohne jede Wertung). Wenn ihr jedoch anstrebt, eine wachsende Fangemeinde zu gewinnen, müsst ihr euch angewöhnen, euch mit der Community auszutauschen. Bei Instagram geht es vor allem darum, Fotos, Likes und Kommentare zu teilen. Das bedeutet, ihr müsst euch auf die anderen Nutzer einlassen. Die Plattform funktioniert am besten, wenn ihr Teil der Konversation werdet, indem ihr zum Beispiel die Posts anderer Nutzer kommentiert, Fotos liket, die in eurem Feed auftauchen, und euren Followern antwortet. Es funktioniert nicht, wenn ihr ein stiller Mitleser seid, ein sogenannter »Lurker«, der einfach nur seinen Feed durchscrollt ohne ein einziges »Like«.

Auf Instagram kontaktfreudig zu sein, heißt nicht, dass ihr eine Windturbine für saubere Energie bauen müsst. Es heißt nur, dass ihr euch angewöhnen solltet, euch mit anderen Usern auszutauschen und dadurch nicht nur mit euren Followern eine Beziehung aufzubauen, sondern auch mit Leuten und Geschäften, denen ihr folgt. Wirklich easy.

Und so geht es:

Kommentare nicht ignorieren. Ich bekomme in der Regel mindestens 150 Kommentare für jedes Foto, das ich poste. Wenn ich viermal pro Tag poste, kommt eine ordentliche Anzahl zusammen. Aber ich bemühe mich, auf möglichst viele dieser Kommentare zu antworten. Wenn jemand eines eurer Fotos kommentiert, solltet ihr euch ebenfalls bemühen, darauf zu antworten. Bedankt euch. Beantwortet dessen Frage. Stellt eine Gegenfrage. Aber ignoriert diese Person nach Möglichkeit nicht.

Die Posts anderer Nutzer kommentieren. Seid ihr in den neuen Hundewelpen einer Freundin verliebt? Habt ihr einen tollen Vorschlag für eine Sonderbestellung in dem Pasta-Lokal, das eure Cousine gerade gepostet hat? Erzählt es ihnen. Wenn ihr die Posts anderer kommentiert, verbreitet ihr nicht nur Goodwill unter der Community, sondern euer Username kommt unter die Leute und ihr werdet von den Massen auffindbar. Wenn ihr es so macht, werden andere dazu angeregt, auch eure Fotos zu kommentieren.

Stellt eine Frage in eurer Bildunterschrift. Lasst eure Follower wissen, dass sie in einer sicheren Kommentarzone sind, indem ihr in euren Bildunterschriften Fragen stellt. Wo kann man in Chicago die beste Pizza essen? Wo sieht man in eurer Stadt das beste Feuerwerk zum Nationalfeiertag? Fragt und man wird euch antworten.

Seid kein Ekel. Wenn es darum geht, fremde Fotos zu kommentieren (was übrigens absolut in Ordnung ist), wollt ihr sicherlich keinesfalls als Ekel betrachtet werden. Lasst Liebeserklärungen, Einladungen zum Abschlussball und Geschäftsangebote weg. Fragt niemanden, ob er an einer Kontaktaufnahme interessiert sei. Wenn ihr einen legitimen Grund habt, dergleichen vorzuschlagen, schickt eine Direktnachricht oder nutzt Google, um die Kontaktadresse über die offizielle Website in Erfahrung zu bringen. Und postet nie und nimmer Spam. Zu jedem Foto, das durch euren Feed geht, etwas von einem System zu posten, das schnellen Reichtum verspricht, ist die schnellste Methode, um Follower (und auch Freunde im echten Leben) zu verlieren.

Gute Laune teilen. Eine weitere gute Möglichkeit, durch @mention gute Laune zu verbreiten, ist, Freunde und Familienmitglieder auf Posts aufmerksam zu machen, die ihnen gefallen könnten. Wenn mich etwas herzhaft zum Lachen bringt oder an einen Insider-Witz mit einer Freundin erinnert, gebe ich diese Person als @mention in der Bildunterschrift des Posts an, sodass diese Freundin benachrichtigt wird und den Witz auch teilen kann.

Timing ist alles

Ob ihr dem Partner eurer Träume begegnen, das erstklassige Eckbüro ergattern oder die perfekte und erschwingliche Wohnung im spanischen Stil mit Kamin und Parkettboden finden wollt: Timing ist alles. Und bei Instagram ist das nicht anders. Die Tageszeit und Häufigkeit eurer Posts sind entscheidend für das Gewinnen – und Halten – neuer Follower.

Wahrscheinlich habt ihr mehr als nur einen Account »entfolgt«, der euren Feed mit einer unablässigen Flug unverschämter Selfies bombardiert hat, die im 30-Sekunden-Abstand gepostet wurden (ich kenne das). Und überlegt einmal, wie viele coole Fotos ihr verpasst habt, weil sie von Freunden in anderen Zeitzonen gepostet wurden, während ihr mit eurem Schönheitsschlaf beschäftigt gewesen seid (wie konntet ihr nur). Es ist wichtig, dass ihr euch euren Insta-Feed wie ein Blog vorstellt: Ihr postet einen Content, der von einem spezifischen Publikum konsumiert wird, daher ist es sehr wichtig, dass ihr eurem Publikum diesen Content in einer sinnvollen Weise liefert.

Und so geht es:

Die Gewohnheiten eures Publikums kennen ... Instagram ist das Erste, worauf ich morgens beim Aufwachen einen Blick werfe (Hey, es ist schließlich auch eine Quelle für Eilmeldungen!). Dieses Verhalten trifft auch auf Millionen andere Menschen in aller Welt zu: Wir wollen einfach gerne sehen, was wir versäumt haben, während wir schliefen. Da ich mich in meine Follower hineinversetze, poste ich das erste Mal morgens, wenn ich sicher bin, dass sie in ihrem noch nicht von Koffein beendeten Halbschlaf ihr Augenmerk darauf richten. Instagram ist auch das Letzte, worauf viele Leute schauen, bevor sie schlafen gehen (ich bekenne mich auch hier schuldig). Daher ist ein Post später am Abend ebenfalls ein Muss, um vom Insta-Scrollen vor dem Schlafengehen Nutzen zu ziehen.

... und auch deren Zeitzonen. Ich habe ein weltweites Publikum, daher kann ich mehr oder weniger zu jeder Tages- oder Nachtzeit etwas posten und bekomme Double Taps. Wenn ihr wie die meisten eurer Follower in einer Zeitzone lebt und in der gleichen Zone updated, garantiert dies, dass euer abendlicher Post eure Fans erreicht, während diese komatös im Bett liegen. Dies trifft auch auf das Posten im Urlaub zu. Haltet eure Posts zurück, bis ihr wisst, dass eure Follower wach sind.

Mindestens einmal täglich posten. Ihr könnt es vielleicht schon nicht mehr hören, aber es ist vollkommen in Ordnung, wenn ihr mit Instagram einfach so spielt, wie ihr Lust dazu habt. In diesem Fall könnt ihr posten, so viel oder so wenig ihr wollt. Aber wenn ihr wirklich versuchen wollt, eure Fangemeinde zu vergrößern, postet wenigstens einmal pro Tag etwas. Ihr werdet nicht jeden Tag etwas wirklich Interessantes machen (ich weiß jedenfalls, dass es bei mir so ist), aber ihr könnt an den nicht-langweiligen Tagen ein paar zusätzliche Fotos aufnehmen, sodass ihr immer einen neuen Content posten könnt, auch wenn ihr eure Couch 24 Stunden nicht verlassen habt. Hier finden die Regeln für Qualitätsfotos Anwendung: Postet kein ödes Bild, nur um überhaupt etwas zu posten. Geht strategisch vor, plant und bunkert verschiedene »Evergreen«-Fotos (Fotos, die jederzeit verwendet werden können und nicht eventspezifisch sind), dann könnt ihr eure Einmal-täglich-Quote erfüllen.

Ihr könnt aber auch öfter posten. Da es mein Ziel ist, meine Follower täglich mit neuen Mode-, Inneneinrichtungs-, Essens- und Reise-fotos anzuregen, bin ich eine Ausnahme von der Einmal-täglich-Strategie. Wenn ich etwas Interessantes mache oder auf ein cooles Event stoße, poste ich drei- oder viermal am Tag. An anderen Tagen poste ich weniger. Ein Post ist das Minimum. Eine Höchstzahl habe ich nicht, ich bombardiere meine Follower jedoch nicht mit Fotos im Abstand von weniger als einer Stunde. Niemand will seine Follower vor den Kopf stoßen, indem er ihren Feed sprengt. Das wäre nicht cool.

Abstand ist wichtig. Es ist großartig, dass ihr vier coole Bilder habt, die ihr heute posten wollt. Wenn ihr sie aber eins nach dem anderen postet, wird dies eure Follower verärgern – ihr solltet nicht unmittelbar aufeinanderfolgend in einem Feed auftauchen. Überfüllt ein Feed nicht (stellt euch vor, ihr hättet es mit einem Schul-Schwarm zu tun. Ihr wollt doch nicht die Lurker sein, die sich immer »zufällig« am Wasserspender neben seinem Spind aufhalten – so durstig seid ihr nicht). Es ist eure Entscheidung, wie lange ihr zwischen zwei Posts warten wollt. Solange ihr die Einmal-täglich-Regel einhaltet und dann postet, wenn eure Fangemeinde auch wirklich wach ist, könnt ihr zwei, vier, sechs oder wieviele Stunden auch immer zwischen den Postings warten. Ihr müsst nur auf jeden Fall immer eine Stunde warten.

5

INSTAGOLD

In unserem Zeitalter der #girlboss-Herrlichkeit sind alle bereit, die Welt zu regieren – was auch immer ihnen diese Welt bedeutet. Instagram ermöglicht euch einen direkten Draht zu potenziellen Arbeitgebern, Kunden, Gästen und Fans, wodurch es leichter denn je ist, die Macht der Social Media für den Aufbau des Lebensunterhalts zu nutzen.

Aber Aimee, werdet ihr denken. Es ist doch nur eine Social Media-Plattform. Muss ich die wirklich zur Unterstützung meines Geschäfts oder meiner Karriere nutzen?

Die Antwort, meine Freunde, lautet »Ja«. Einem neueren Bericht der Forschungsfirma und Denkfabrik L2 zufolge weist Instagram das stärkste Engagement und von allen Social Media-Plattformen die höchste Umwandlung von Browsern in Käufer auf. Derselbe Bericht erwähnt auch, dass 92 Prozent der Luxusmarken, die auf Instagram durchschnittlich 5,5-mal pro Woche posten, ihren Kundenstamm vergrößern. Bei der New York Fashion Week im September 2015 war CFDA (US-amerikanischer Modeverband)-Finalistin Misha Nonoo Gastgeberin für die erste Instagram-Modenschau überhaupt: Sie verzichtete auf eine Standard-Catwalk-Modenschau und brachte ihre Frühjahrskollektion 2016 durch eine Reihe statischer Instagram-Posts auf den Markt. Innerhalb weniger Stunden gewann sie 2000 Follower, die die Looks, die sie auf ihrer E-Commerce-Seite präsentierte, vorbestellen konnten. Wenn das noch nicht ausreicht, um euch zu überzeugen, hier noch etwas: Eine Studie vom September 2015, veröffentlicht von SheKnows Media, schätzt, dass 85 Prozent aller Kaufentscheidungen auf dem amerikanischen Markt (der 14 Trillionen Dollar ausmacht, ja, Trillionen, mit t) von Frauen getroffen werden, von denen sich 46 Prozent auf Instagram als Entscheidungshilfe für ihre Käufe stützen.

Im Klartext heißt das: Instagram ist eine ernsthafte Sache, wenn es um Geschäfte geht. Natürlich müsst ihr (oder wollt ihr) nicht der Marketingchef eines der 500 umsatzstärksten Unternehmen sein, um die gewaltige Macht von Instagram zu nutzen. Ihr könnt ein Blumengeschäft haben oder eine Anzeige auf eBay oder Etsy. Ihr könnt eine Schmucklinie kreiert haben, mit der ihr für ein paar Dollar Nebeneinnahmen an den Wochenenden auf Flohmärkte geht, und ihr könnt inspirierende Fotos auf eurem Instagram-Feed nutzen, um die Massen auf euren Ausstellungsstand einzuschwören. Es gibt so viele verblüffende Geschichten von den Eigentümern von Kleinbetrieben, deren Namen und Produkte aufgrund kluger Insta-Strategien von den richtigen Leuten entdeckt wurden.

Molly Guy, die Inhaberin der supercoolen New Yorker Brautmodenboutique Stone Fox Bride (@stonefoxbride) in Brooklyn, richtete für ihre Kunden einen Account ein mit einer Serie von Hashtag-Storys namens #StoneFoxRings. Darin werden herzerwärmende Erzählungen aus dem echten Leben und Bilder von fantastischem Schmuck geteilt – von denen jede regelmäßig mehrere tausend Likes gewinnt. Wegen der authentischen Geschichten findet Guys Angebot – und ihre E-Commerce-Website – große Beachtung unter künftigen Bräuten aus dem ganzen Land. Die Begeisterung, die sie mit ihren mehr als 100 000 Followern ausgelöst hat, hat ihr eine eindrucksvolle Presse beschert, außerdem ein Angebot für ein Buch, zudem schreibt sie nun Gastbeiträge für die *Vogue*.

Amirah Kassem, die der Modeindustrie zugewandte Meisterbäckerin, hatte nicht die nötigen Mittel für eine E-Commerce-Website, als sie 2013 ihr Geschäft Flour Shop startete. Aber sie konnte einen Instagram-Account einrichten, der ihr – mithilfe kreativer Fotos von ihren kunstvollen essbaren Kreationen – dazu verhalf, Kunden wie Sarah Jessica Parker, Beyoncé und Versace für ihre Kuchen und Torten zu begeistern.

Egal wie groß oder klein eure beruflichen Ziele (oder die Anzahl eurer Follower) sind, Insta ist eine erstaunliche Plattform für Marketing und Produkteinführungen, für die Verbindung zu Kunden, das Präsentieren eines visuellen Portfolios und sogar dafür, um mit Outfit-Posts direkt Geld zu verdienen (ja, wirklich). Lass die Kasse klingeln, Baby.

Holt also euer Notebook heraus und passt gut auf, denn ihr erwerbt nachfolgend einen Master of Business Administration in Instagram:

Ihr lernt,

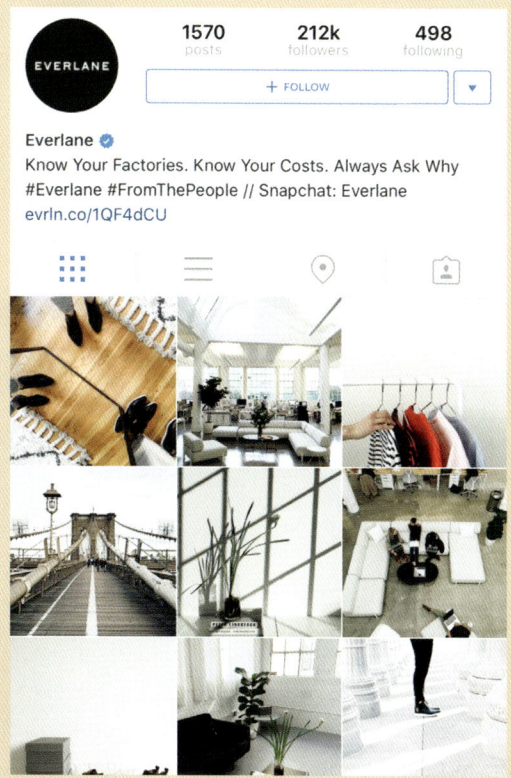

· die verschiedenen Nutzungsmöglichkeiten
von Instagram, um eure Geschäfts- und
Karriereziele zu unterstützen.
· wie ihr eine Geschäftsstrategie ent-
werft, die für euch sinnvoll ist.
· die Details von Affiliate-Programmen,
sodass ihr anfangen könnt, Outfit-Fotos zu posten, die sich in bare Münze
verwandeln, egal wie klein eure Fangemeinde vielleicht ist.

Zeit ist Geld, also lasst uns weitermachen, okay?

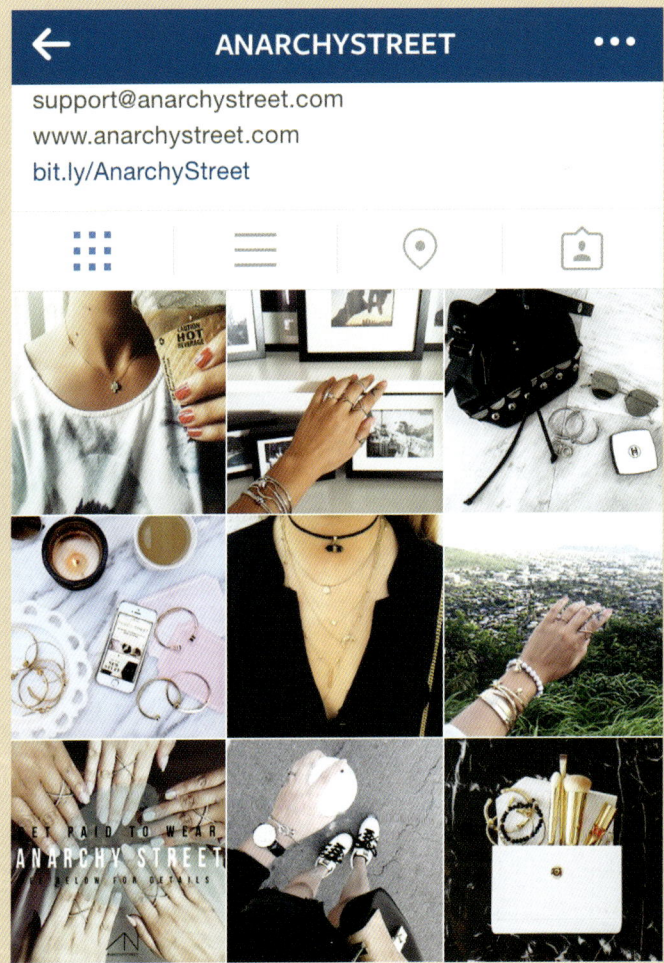

Eine Strategie erarbeiten. Bevor ihr versucht, Instagram als Business-Tool zu nutzen, müsst ihr eure Hauptziele festlegen (nein, es kann nicht einfach nur heißen: »mehr Geld verdienen«).

Wollt ihr:

· Produkte verkaufen?
· Eure Markenbekanntheit und Markenwiedererkennung verbessern?
· Mehr Besucher auf euer Blog oder eure Website locken?

Sobald ihr euer Ziel identifiziert habt (ihr könnt auch mehrere haben oder eines, das oben nicht genannt wurde), grabt euren kurzen-knappen Leitspruch wieder aus, über den wir in Kapitel 1 gesprochen haben, und überprüft, ob eure Business-Ziele damit übereinstimmen.

Schauen wir uns folgende Fallstudie an: Meine Schwester Dani hat eine Schmuckfirma namens Anarchy Street, und zum Zeitpunkt, an dem ich dieses Buch schreibe, hat sie 121 000 Follower (eine organisch aufgebaute Fangemeinde, möchte ich hinzufügen). Ihre Ziele waren, alles oben Genannte zu erreichen: Kunden zu gewinnen, ihre Markenbekanntheit und Markenwiedererkennung zu verbessern und mehr Besucher auf ihre E-Commerce-Website und ihr Blog zu lenken. Das alles betreibt sie auf verschiedenen

Wegen:

Pflege eines authentischen Feeds. Danis Schmuck wird für unsere »Freundinnen« entworfen – Mädchen, die hart arbeiten, Mode lieben, ihr Outfit gerne mit Accessoires aufpeppen und immer versuchen, es sich gut gehen zu lassen. Ihr Feed ist daher auf diese Käuferschicht ausgelegt und gefüllt mit dem authentischen Content von Leuten, die Anarchy-Street-Schmuck tragen. Es sind Schmuckstücke, die wir alle im Alltag anhaben, und wir machen ganz normale alltägliche Dinge. Der Content wirkt nicht übertrieben – er entspricht genau dem Vibe dieser Schmucklinie. Wenn ihr eurem Business treu bleibt und euren Followern etwas gebt, womit sie sich identifizieren können, werdet ihr ganz von alleine gleichgesinnte Leute anziehen (also Fans und potenzielle Kunden), die auf eure Posts antworten und mit euch kommunizieren.

Wettbewerbe und Werbegeschenke anbieten. Wenigstens einmal pro Woche gibt es auf dem Anarchy-Street-Feed (@anarchystreet) einen kreativen Wettbewerb oder ein Werbegeschenk-Happening. Eine Variante, wie Dani dies organisiert, ist, jeden, der ihre Seite besucht, zu bitten, dem Account @anarchystreet zu folgen und ein spezielles Foto weiterzuposten, das sie ausgerufen hat. Sie bittet ihre Follower, die an dem Wettbewerb teilnehmen wollen, einen speziellen Hashtag zu verwenden, und schon bald hat sie Tausende von Leuten, die den Namen ihres Geschäfts hashtaggen und ihr Foto weiterposten – was wiederum von jedem Follower und jeder Person gesehen wird, die daran teilnimmt. Alles klar? Ich kenne auch traditionelle Einzelhändler, die den Kunden einen extra Preisnachlass gewähren, die mit Geotag über einen Sample Sale posten, und deren Umsatz definitiv zunahm. Werdet kreativ und überlegt, was ihr von eurer Fangemeinde braucht.

Mit Influencern zusammenarbeiten.
Dani erstellte eine Liste von Leuten, die ihre Marke verkörpern und schickte jedem von ihnen ein Schmuckstück. Sie bat die Empfängerinnen lediglich darum, sie sollten Freude daran haben und den Schmuck tragen. Was sie auch taten. Und ihre Freude war tatsächlich so groß, dass viele von ihnen Fotos von sich machten, als sie den Schmuck trugen, und diese Fotos mit dem Anarchy-Street-Schmuck posteten. Dani postete ihre Bilder weiter und so wurde gegenseitig Wertschätzung verteilt. Ihr könnt diese bewährte Methode mit eurer eigenen Modelinie, mit Backwaren, Blumen et cetera anwenden. Stellt ein paar Nachforschungen an und erstellt eine Liste von Top-Instagrammern und Bloggern in eurer Community und eurer Gegend, dann schickt ihnen eine Kleinigkeit mit einer kurzen Mitteilung. Manchmal werden diese Personen etwas über euer Produkt posten und manchmal auch nicht. Aber wenn sie es tun, werden sie damit authentische Mundpropaganda betreiben, und für euch ist es – wenn ihr nicht gerade anfangt, Luxusautos zu produzieren – eine minimale Investition.

Eine weitere Methode der Zusammenarbeit mit Influencern besteht darin, sie zu bitten, euren Business-Account einen Tag lang zu übernehmen. Das ist eine tolle Möglichkeit für euren Feed, von deren Followern beachtet zu werden.

Unabhängig von eurem Ziel solltet ihr die Tipps zur Erweiterung des Publikums in Kapitel 4 noch einmal lesen. Ihr könnt den coolsten Feed und die kreativsten Wettbewerbe der Welt haben, aber wenn ihr nicht täglich hashtaggt, geotaggt, kommentiert und postet, wird niemand euren Feed entdecken und die Followerzahlen werden stagnieren.

Nicht jeder will Instagramm geschäftlich nutzen. Vielleicht geht ihr zur Schule oder seid Freiberufler in einem kreativen Bereich und auf der Suche nach Aufträgen. In diesem Fall könnt ihr Instagram als Portfolio nutzen, um eure besten Arbeiten und eure allgemeinen ästhetischen Vorstellungen herauszustellen. Wenn du beispielsweise Illustrator bist, poste Fotos von deinem Arbeitsprozess und deinem Studio und klopfe dir visuell jedes Mal auf die Schulter, wenn deine Arbeit irgendwo erscheint, wo sie Beachtung findet. Dasselbe gilt, wenn du Grafikdesigner bist und gerade eine limitierte Sammlerausgabe von Notizbüchern in einem örtlichen Schreibwarenladen herausgebracht hast – präsentiere sie! Bist du ein Autor und deine letzten Artikel haben es in die Tageszeitung deiner Heimatstadt geschafft? Lege die Zeitung unter deine Kaffeetasse und dein Frühstück mit pochiertem Ei und lass deine Follower wissen, dass auch sie deinen Namen an diesem Morgen gedruckt lesen können. Instagram ist kein Platz, um schüchtern zu sein, sondern um die eigenen Leistungen mit der Community zu feiern. Also los!

Aber Vorsicht: Wenn euer Feed öffentlich ist und ihr ihn für berufliche Zwecke nutzt, postet keine Partyfotos, #freethenipple und sonstige Bilder, die ein künftiger Chef besser nicht sehen sollte (auch keine Bilder, wie ihr bei der Arbeit ein Schläfchen macht). Ich weiß, dass mir junge Mädchen folgen, ebenso wie viele Luxus-Modemarken, mit denen ich arbeite, daher enthalte ich mich von Posts, die Alkohol in jeglicher Form zeigen (was recht einfach ist, da ich nichts trinke!). Aber ich halte mich auch zurück, Fotos von Freundinnen zu posten, die etwas tun, was auch nur im Entferntesten nach Ausschweifung aussehen könnte, selbst dann, wenn ich weiß, dass es absolut jugendfrei ist. Entscheidet, wie ihr euch benehmen wollt, und bleibt dabei. Selbst wenn ihr etwas löscht, können Screenshots euch immer wieder heimsuchen.

Affiliate-Programme

Was ist ein Affiliate-Programm, werdet ihr fragen? Die Zeitschrift *Entrepreneur* bezeichnet es als Marketing-Strategie, die es einer Firma ermöglicht, »ihre Produkte zu verkaufen, indem sie Einzelpersonen oder Firmen (›Affiliate‹) unter Vertrag nimmt, die ihre Produkte gegen Provision vermarkten«. Für unsere Zwecke bedeutet ein Affiliate-Programm im Klartext, dass ein Blogger oder Instagrammer einen Link zu einem Produkt auf der Website eines Designers oder E-Tailers postet und dann einen bestimmten Prozentsatz von jedem Verkauf erhält, zu dem er die Käufer angeregt hat. Einfach, oder? Produkte, die ihr auf dieser Basis vermitteln könnt, umfassen alles: vom Flugticket über Schmuck, Möbel, Kleidung bis zu Schönheitsprodukten ... Die Liste ist wirklich endlos. Wenn ihr wirklich wolltet, könntet ihr euren Followern sogar Küchenrollen verkaufen. Ehrlich, jedes Produkt ist geeignet.

2005 wurden die Affiliate-Programme von Amber Venz Box – einer Bloggerin und pfiffigen Studentin der Southern Methodist University – überarbeitet. Sie war der Meinung, es müsse eine bessere, visuell gesteuerte Möglichkeit für Premium-Blogger geben, mit ihrem Content Geld zu machen. Und schon bald war ihre Firma geboren: rewardStyle. RewardStyle (rewardstyle.com) ist der passende Affiliate-Programm-Provider für viele meiner Mit-Blogger (ja, auch ich nutze ihn). Das Programm ist einfach zu nutzen und wirkt wie ein unerschöpflicher Katalog cooler Artikel, mit denen ihr Outfit-Posts mit Produkten Tausender Designer und Geschäfte zusammenstellen könnt, die euch zwischen 5 und 30 Prozent Provision für jeden Verkauf geben, den eure Leser tätigen. Das Arbeiten mit rewardStyle ist eine vergnügliche Art, für etwas Geld zu bekommen, was man ohnehin tun würde, einfach weil es Spaß macht (also ich zumindest würde es tun).

In Bezug auf Instagram gibt es bei rewardStyle ein kostenloses Feature, LIKEtoKNOW.it, das dafür sorgt, dass die Artikel eures Instagram-Outfit-Posts auch gekauft werden können. Bei jedem Double Tapping eines Outfit-Posts, das ihr mit LIKEtoKNOW.it markiert habt, erhalten eure Leser automatisch eine E-Mail mit allen Angaben und Links zu den entsprechenden Outfits, die sie brauchen, um diese kaufen zu können. Ist das nicht klasse?

songofstyle · 14w

♥ 44,955 likes
songofstyle I love a good camel on camel action @liketoknow.it www.liketk.it/1WYdq #liketkit

songofstyle
The James Hotel · 6d

♥ 39,452 likes
songofstyle Prettiest shade of blue. Merci @chloe www.liketk.it/2aUbB #liketkit #ChloeGIRLS

songofstyle · 4w
JW Marriott Los Cabos Beach Resort & Spa

♥ 38,540 likes
songofstyle Spa time! 🙌 #jwloscabos

123

1 Bei diesem Post ist mein gesamtes Outfit mit LIKE-toKNOW.it markiert, sodass meine Follower alles kaufen können, was ich trage.

2 Noch eine LIKEtoKNOW.it-Aktion. Sobald meine Follower registriert sind, können sie den Post doppelt antippen und bekommen einen E-Commerce-Link zu der Tasche von Chloé. So einfach ist das.

3 Ich war zur Eröffnung des JW Marriott in Cabo eingeladen und wurde gebeten, Teile des Hotels, die mir besonders gut gefielen, meinen Followern zu zeigen. Natürlich ging ich sofort in den Wellness-Bereich.

songofstyle
Pebble Beach Concours d'Elegance   27w

♥ **36,623 likes**
songofstyle Got to sit in the new @Infiniti #Q60concept car at the #conceptlawn today. #PebbleConcours #sp

songofstyle
Paradise Beach, El Nido, Palawan   47w

♥ **47,742 likes**
songofstyle Life in paradise is good.
In partnership with #ANAByDesign

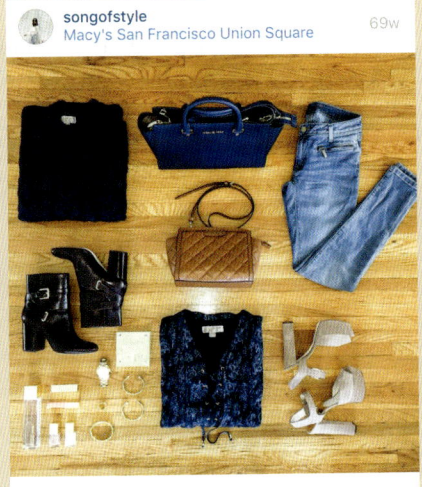

songofstyle
Macy's San Francisco Union Square   69w

♥ **34,399 likes**
songofstyle Packing for my San Francisco trip with some @michaelkors goodies. See you @Macys Union Square tomorrow at 6pm! #MKxMACYS

123

1 Beim Concours d'Elegance 2015 in Pebble Beach arbeitete ich mit Infinity. Ich verwendete verschiedene Hashtags für das Event, das Automodell und die Location.

2 Ich wurde gebeten, mit der japanischen Airline All Nippon auf die Philippinen zu reisen. Da ich dafür bezahlt wurde, gab ich an: »in Partnerschaft«.

3 Ich wurde gebeten, für Michael Kors ein Event im Macy's in San Francisco auszurichten. Um meine Fans daran zu erinnern, dort hinzukommen, fotografierte ich ein Flatlay.

Diese Methode funktioniert nur, wenn eure Follower sich dafür anmelden, daher hängt der Erfolg mit LIKEtoKNOW.it weitgehend davon ab, dass ihr eure Fangemeinde richtig erzieht.

Hierzu gibt es ein paar Möglichkeiten:

- `Postet ein Instagram-Bild und gebt in der Bildunterschrift bekannt, dass ihr auf LIKEtoKNOW.it seid. Wenn ihr anschließend Outfit-Fotos postet, die mit Affiliate-Angaben markiert sind, erinnert ebenso oft freundlich daran, dass ihr euch sehr freuen würdet, wenn eure Follower sich anmelden.`
- `Wenn ihr ein Blog oder eine Facebook-Seite habt, postet auch dort über LIKEtoKNOW.it.`

Ob ihr es glaubt oder nicht, LIKEtoKNOW. it hat keinen großen Anteil an meiner Instagram-Aktivität, denn auch wenn bares Geld immer nett ist, passt diese Methode nicht sehr gut zu meinem vorrangigen Ziel auf Insta, nämlich schöne Bilder zu produzieren, von denen die Leute angeregt werden. Ich will nicht mit jedem Foto, das ich poste, Geld verdienen, daher nutze ich diese Methode sparsam und strategisch und nur, wenn ich etwas trage oder ein Produkt verwende, von dem ich überzeugt bin, dass meine Follower es lieben werden (ein weiterer Vorteil des Affiliate-Programms ist, dass ihr im Grunde eine neue Karriere als Kaufberaterin begonnen habt. Wie cool ist das denn?).

Im Spiel der Affiliate-Programme gibt es durchaus noch weitere Mitwirkende. Google hat ein solches Programm, genau wie Amazon und sogar eBay. Eine Firma namens Skimlinks arbeitet mit größeren Portalen wie Refinery29 und Apartment Therapy. Es ist wichtig, ein Affiliate-Programm zu finden, das am besten zu euren Bedürfnissen passt und euch eine konkurrenzfähige Provision bietet (die Standardprovision liegt zwischen 8 und 20 Prozent pro Kauf). Was mir persönlich an rewardStyle gut gefällt, ist, dass es von Style-Bloggern gestartet wurde und Style-Blogger als Benutzer im Sinn hat, daher ist es äußerst visuell, leicht zu nutzen und stark auf die Community ausgerichtet (die meisten Account-Repräsentanten der Firma sind ebenfalls Style-Blogger und wissen, wovon sie sprechen).

Mit Marken arbeiten

Es gibt natürlich noch andere Möglichkeiten, eurer Plattform zum Durchbruch zu verhelfen, als Waren zu vermarkten. Ihr müsst auch nicht Millionen von Follower haben, um ein lohnendes Geschäft abzuschließen. Sogar mit einer kleinen Fangemeinde (in den meisten Fällen unter 10 000 Followern) könnt ihr mit kleineren Firmen, Start-ups und Marken arbeiten, die euch wirklich gefallen, solange eure Follower engagiert sind (kommentieren sie eure Fotos massenweise und versäumen nie eines eurer Meet-ups? Dann werden sie wahrscheinlich auch Produkte kaufen oder markengeschützten Content weitergrammen).

Ich befinde mich in der unglaublich glücklichen Lage, dass Marken in der Regel an mich herantreten, wenn sie wollen, dass ich für ihre Produkte werbe. Als ich jedoch damit anfing, arbeitete ich kostenlos für Bekleidungsfirmen und machte Superfotos für sie, damit sie später an mich denken, wenn sie mich bezahlen können (und mich natürlich auch weiterempfehlen). Die kostenlose Arbeit für Marken war auch eine erstaunliche Möglichkeit, etwas für mein eigenes Vorgehen (Dankeschön-Mitteilungen schicken, nie etwas Kostenloses erbitten und immer höflich und freundlich sein) und ganz allgemein über das Funktionieren von Instagram-Partnerschaften zu lernen.

Außer wenn ihr schon eine große Fangemeinde habt und die Firmen bereits Kontakt mit euch aufnehmen, nachfolgend zwei Dinge, die ihr bedenken solltet, bevor ihr euch um einen potenziellen Partner bemüht: Der einfachste Weg ist, der Marke eine E-Mail oder Direktnachricht zu senden und darin zu äußern, wie gut euch deren Produkte gefallen. Schlagt eine Zusammenarbeit vor, die sowohl für euch als auch die Marke vorteilhaft ist. Bittet nicht einfach nur um kostenlose Artikel und erwartet nicht, dafür nichts tun zu müssen. Um eine gute Arbeitsbeziehung mit der Marke aufzubauen, müsst ihr einen Content liefern, den die Marke schätzt. Wenn ich mit einer Marke arbeite, sende ich immer eine Vorschau meiner Fotos, bevor ich poste, und sorge für eine eindeutige Kommunikation bezüglich des Gesamtkonzepts.

Was könnt ihr der Marke bieten? Datenverkehr? Instagram-Follower? E-Commerce-Verkäufe? Tollen Content, den ihr in einmaliger, innovativer Art aufbereitet? Die Zusammenarbeit muss für beide Seiten sinnvoll sein, für euch und die Marke. Überlegt also gut, welchen Wert ihr liefern könnt.

Mache ich das nur, um ein Gratisgeschenk zu bekommen? Ihr könnt natürlich eine E-Mail an Dior schicken und um eine kostenlose Sonnenbrille für 400 Dollar bitten, um sie auf eurem Instagram-Feed mit 1000 Followern zu posten. Die Aussichten sind gut, dass ihr niemals etwas von Dior hören werdet. Wenn ihr eine potenzielle Partnerschaft nur in Erwägung zieht, weil ihr ein Gratisgeschenk haben wollt, ist eine solche Partnerschaft wahrscheinlich nicht das Richtige für euch.

Branded-Content-Posts

Bei einem Post mit »Branded Content« werdet ihr dafür bezahlt, dass ihr im Auftrag einer Marke ein Instagram-Foto postet. Stellt euch vor, ihr seid eine Plakatwand, und eine Firma kauft darauf einen gewissen Werbeplatz. Posts mit Branded Content entstehen in der Regel, wenn eine Organisation (ob nun eine Bekleidungsfirma, Schönheits-Serie, ein Hotel, ein Schmuckgeschäft oder jedes erdenkliche andere Geschäft) Kontakt mit euch aufnimmt, weil ihr eine Fangemeinde habt – zahlenmäßig oder mit einem starken Engagement –, die sie erreichen will.

Bei dieser Art von Posts bittet die Marke euch normalerweise, auf einem Foto ein spezielles Produkt zu zeigen, in der Bildunterschrift einen besonderen Hashtag zu nutzen und den Account der Firma zu markieren. Wenn ich dies mache, behalte ich immer die kreative Kontrolle darüber, wie ich ein Produkt oder eine Location poste (nachdem die Firma mit mir Kontakt aufgenommen hat, kann ich davon ausgehen, dass ihr mein Style und meine ästhetische Vorstellung ausreichend zusagt, um mich machen zu lassen). Und ich bemühe mich aufrichtig darum, ein tolles Foto zu schießen, das der Marke ihre Investition zurückbringt. Ich will nicht für ein mieses Foto bezahlt werden.

Aus verschiedenen Gründen können Posts mit Branded Content aber heikel werden. Ich stütze mich bei meiner Entscheidung, ob ich für eine Marke arbeiten will oder nicht, immer auf meinen Leitspruch und darauf, ob mir die Produkte, für die ich werben soll, gefallen oder nicht – entscheidend ist für mich nicht die angebotene Summe. Ich habe einmal eine wirklich große Geldsumme für Posts mit Branded Content abgelehnt, weil mir die Firma einfach nicht gefiel. Sie passte nicht zu meinem Leitspruch, und mein Bauchgefühl sagte mir, dass ich eine bessere Gelegenheit für die Zusammenarbeit mit Marken bekommen würde, die mir wirklich und ehrlich gut gefallen, wenn ich dieses Angebot ablehne. Es war schon hart, auf dieses Geld zu verzichten, aber ich wusste, dass es sich später auszahlen würde, wenn ich mir selbst treu bleibe – ich denke immer gerne langfristig und verzichte dann lieber auf eine sofortige Belohnung –, und so kam es auch.

Wenn ihr jemand seid, der für einen Scheck alles postet, will ich darüber nicht urteilen (ich weiß, es gibt vielleicht ein paar hungrige Mäuler zu füttern). Wenn ihr jedoch eher eine langfristige Strategie habt und eine angesehene Marke mit aufbauen wollt, stellt euch folgende Fragen, bevor ihr euch für die Zusammenarbeit mit einer Firma entscheidet:

- Gefällt mir das Produkt?
- Werde ich dieses Produkt in ein paar Monaten noch gerne unterstützen?
- Werden meine Follower dieses Produkt mögen?

Wenn ihr eine dieser Fragen mit »Nein« beantwortet, bedenkt die Entscheidung neu und bezieht euch auf euren Leitspruch. Und überlegt genau, welche Business-Ziele ihr auf Instagram in erster Linie verfolgt.

Übernahmen (Takeovers)

❤ 23,776 likes

songofstyle Beauty doesn't stop at night. My nighttime beauty routine consists of applying @lamerofficial moisturizing soft cream, the regenerating serum, and the illuminating eye gel that I'm obsessed with! Make sure to follow @lamerofficial's instagram as I'm in charge of it for this week! #lamereditorinchic

❤ 31,961 likes

songofstyle My @lamerofficial in-flight travel essentials. I'll be taking over @lamerofficial's Instagram this week, so make sure to follow and check out my must-haves! ❤ #lamereditorinchic

Manchmal werden Marken von euch eine »Übernahme« verlangen, das heißt, ihr sollt deren Account für einen bestimmten Zeitraum »übernehmen« und eure Follower darauf aufmerksam machen, diese Übernahme – und folglich den Feed der Firma – zu checken. Für eine Firma ist dies eine großartige Möglichkeit, ihre Followerzahl zu vergrößern, und für euch ist es die Gelegenheit, auf deren Feed eine Stimme zu bekommen und euren Content unterzubringen.

Preisgestaltung

Es ist überaus wichtig zu wissen, was ihr für eure Dienste berechnen könnt – ob ihr nun ein Kleinstadt-Instagrammer mit 15 000 Followern seid und über den Sale in einem örtlichen Schmuckgeschäft postet oder ein wichtiger Streetstyle-Star mit einer zwei Millionen zählenden Fangemeinde. Als ich anfing, wusste ich nicht einmal, dass ich für das Fotografieren bezahlt werden könnte – für etwas, was ich ernsthaft genug mochte, um es kostenlos zu machen. Es gibt keinen allgemeingültigen Betrag, den ihr für eure Dienste in Rechnung stellen könnt. Aber stellt ein paar Nachforschungen an. Fragt andere Blogger und Instagram-Persönlichkeiten, was sie für ähnliche Aktivitäten berechnen. Überlegt, wie groß und engagiert eure Fangemeinde im Verhältnis zu anderen Leuten ist, von denen ihr wisst, dass sie für ihre Arbeit bezahlt werden. Und was am wichtigsten ist: Entscheidet, wie niedrig ihr zu gehen bereit seid, um euch mit dem Deal noch wohlzufühlen. Als ich anfing und eine wirklich große Bekleidungsfirma mich bat, eine Videoreihe für sie aufzunehmen – Frisur und Make-up gingen auf meine Kosten, während sie mein Flugticket von meiner Schule in San Francisco nach L.A.

bezahlten –, hielt ich das für einen guten Deal. Später beschloss ich, das kostenlose Arbeiten sei zwar sehr gut, um den Laden zum Laufen zu bringen, aber ich würde dafür nicht mehr eine Menge Geld aus eigener Tasche bezahlen. Ihr müsst euch bei den Geschäften, die ihr eingeht, gut fühlen, also habt keine Scheu, ein #boss zu sein und höflich, aber selbstbewusst um das zu bitten, was ihr bekommen wollt.

Ich hoffe, ihr habt nun genügend Selbstvertrauen und Anregungen bekommen, um euch euer Handy zu schnappen und damit Dinge, die euch gefallen, zielgerichtet zu fotografieren. Falls ihr das ohnehin bereits gemacht habt, hoffe ich, dass ihr euch nun dazu bereit fühlt, eure Handyfotografie und die Social Media auf ein völlig neues Niveau zu heben.

Es war eine erstaunliche Erfahrung für mich, dieses Buch zu schreiben, weil mir dadurch klar geworden ist, dass ich mit meiner Leidenschaft tatsächlich meinen Lebensunterhalt bestreiten kann – und das ist die eigentliche Botschaft, die ich euch nun mitgeben möchte: Ihr könnt ein Leben dokumentieren, das ihr wirklich gerne lebt, ob ihr dieses neue Wissen nun zum Beruf macht, dafür nutzt, ein Projekt zu realisieren oder es weiterhin als Hobby betreiben wollt. Für die Nutzung von Instagram gibt es kein Richtig oder Falsch, solange ihr euer Leben auf eine Weise dokumentiert, die euch stolz macht (#word).

Ich möchte nicht, dass ihr euch, wenn ihr dieses Buch nun aus der Hand legt, damit verrückt macht, ständig zu gucken, wie viele Likes ihr für euer letztes Foto bekommen habt (auch wenn ihr jetzt das Gefühl haben solltet zu wissen, wie ihr diese Zahl steigern könnt), oder nachzusehen, wie viele Follower ihr jeden Tag habt (auch wenn diese Zahl ebenfalls steigen wird, wenn ihr gut aufgepasst habt – ich meine ja nur). Ich hoffe, ihr seid nun inspiriert, Fotos aufzunehmen, die euch an eure glücklichsten Zeiten erinnern – auch wenn es vielleicht ein einfaches Essen beim besten Taco-Imbiss ist – und diese Momente mit einer Fangemeinde zu teilen, die sich dafür interessiert.

Instagram ist eine unglaublich tolle Community und ich finde es sehr aufregend, dass wir alle darin zusammenfinden können. Ich hoffe, wir werden Insta weiterhin dafür nutzen zu kommunizieren, zu motivieren und die visuell schönen Momente zu feiern, die unser Leben ausmachen.

Danke, dass ihr mein Buch gelesen und mich ein Stück auf eurem Weg mitgenommen habt. Ich schätze mich dadurch wirklich #glücklich.

Aimee Song

XOXO AIMEE

In dieses Buch sind viel Liebe und Mühe geflossen, und ohne ein fantastisches Team wäre ich dazu nicht in der Lage gewesen.

Danke, Karen Robinovitz, dass du mich ermutigt hast, dieses Buch zu schreiben, während wir an einem sehr kalten Tag in New York zusammen bei der Pediküre waren. Vanessa Flaherty, meine Managerin, und Maddy Gorin von meinem DBA-Team – wenn ihr mich nicht mit Deadlines angetrieben hättet, wäre dieses Buch wohl nie fertig geworden. Eure beständige Unterstützung hat mir unkonventioneller Träumerin geholfen, in der Spur zu bleiben. Danke, dass ihr meine Vorkämpfer gewesen seid, während ich dieses Buch geschrieben habe.

Dank an meine Verlegerin, Camaren Subhiyah – danke für die Geduld trotz meiner vielen Reisen und verpassten Deadlines und schlechten WLAN-Verbindungen! Danke für die unermüdliche Hilfe und Anleitung durch diesen gesamten Prozess hindurch. Ein Buch zu schreiben und veröffentlicht zu bekommen, ist nicht einfach, aber du hast dafür gesorgt, dass es machbar erschien und dafür kann ich gar nicht genug danken. Danke

auch an Sebit Min für das schöne Design dieses Buches. Du wusstest genau, was ich wollte – es ist fantastisch.

Dank meinem Hauptassistenten Nicholas Pak – ich bin so froh, dass wir uns durch Instagram gefunden haben (wie passend!) und zusammen durch die Welt gereist sind. Dank auch an die süße Christina Choi aus meinem Team – ohne sie hätten wir es nicht geschafft.

Dank an meine halmunee (so heißt »Großmutter« auf Koreanisch), von der ich die starke Arbeitsmoral geerbt habe: Du warst immer meine beständige Inspiration, wenn ich einmal in einen Routinetrott fiel oder eine Blockade hatte.

Dank an Erin Weiner, meine Schreibpartnerin, die mich intuitiv verstand. Nie werde ich die vielen Avocado-Toasts vergessen, die wir verspeist haben, während wir im Coffee Shop in Pico Brainstorming betrieben. Auch wenn wir dafür verschrien waren, die Tische mit unseren Laptops zu besetzen, brachten wir es gemeinsam zu Ende.

Dank an meine Mama und meinen Papa, die mich zu einer selbstständigen Frau erzogen und nie in eine Schublade gesteckt haben. Dadurch hatte ich immer das Vertrauen, etwas Großes schaffen zu können. Ihre Liebe und Ermutigung haben mir die Kraft gegeben, mein erstes Buch zu schreiben. Die Liebe zur Mode habe ich natürlich von meiner Mama geerbt und ich kann ihr gar nicht genug dafür danken, dass sie meiner Schwester und mir erlaubt hat, wir selbst zu sein, auch wenn die Gesellschaft uns etwas anderes erzählt hat.

Dank an meine wichtigsten Unterstützer: meine Schwester, Dani Song, und meine Liebe, Jacopo Moschin. Dani und Jacopo, mit (und von) denen so viele Reisefotos aufgenommen wurden. Egal, wie viel Zeit wir gemeinsam verbracht haben, ich habe mich immer mit euch wohlgefühlt. Ich kann es kaum erwarten, weitere schöne Erinnerungen mit euch zu sammeln und träume schon von unserer nächsten großen Reise. Ich liebe euch so sehr!

Noch ein großes Dankeschön an dich, Jacopo, für das Lesen und immer wieder Lesen dieses Buches und dass du zusammen mit mir aufgeblieben bist, während ich es in den frühen Morgenstunden beendet habe.

Und last but not least danke ich meinen wunderbaren Followern von *Song of Style*. Danke, dass ihr über die Jahre hinweg ein Teil meines Weges gewesen seid und mir die Motivation gegeben habt weiterzumachen. Immer wenn ich E-Mails, Tweets, Kommentare oder Direktnachrichten von euch bekomme, zaubert es mir ein Lächeln ins Gesicht und hilft mir, es noch besser zu machen. Ohne euch wäre das eine sehr stille Reise gewesen.

Bibliografische Information der Deutschen Nationalbibliothek
Die Deutsche Nationalbibliothek verzeichnet diese Publikation
in der Deutschen Nationalbibliografie.
Detaillierte bibliografische Daten sind im Internet über http://dnb.d-nb.de abrufbar.

Für Fragen und Anregungen:
info@mvg-verlag.de

1. Auflage 2017

© 2017 by mvg Verlag, ein Imprint der Münchner Verlagsgruppe GmbH,
Nymphenburger Straße 86
D-80636 München
Tel.: 089 651285-0
Fax: 089 652096

Text und Fotos: © 2016 Aimee Song
Die englische Originalausgabe erschien 2016 bei Abrams Image,
einem Imprint von Abrams, von Harry N. Abrams, Incorporated, New York
unter dem Titel *Capture your Style*.
(All rights reserved in all countries by Harry N. Abrams, Inc.)

Dieses Werk wurde vermittelt durch die Literarische Agentur
Thomas Schlück GmbH, 30827 Garbsen.

Alle Rechte, insbesondere das Recht der Vervielfältigung und Verbreitung sowie der
Übersetzung, vorbehalten. Kein Teil des Werkes darf in irgendeiner Form (durch
Fotokopie, Mikrofilm oder ein anderes Verfahren) ohne schriftliche Genehmigung des
Verlages reproduziert oder unter Verwendung elektronischer Systeme gespeichert,
verarbeitet, vervielfältigt oder verbreitet werden.

Übersetzung: Christa Trautner-Suder
Redaktion: Petra Holzmann
Umschlaggestaltung: Isabella Dorsch
Umschlagabbildung: Aimee Song
Satz: Satzwerk Huber, Germering
Druck: Florjancic Tisk d. o. o., Slowienien
Printed in the EU

ISBN Print 978-3-86882-807-8
ISBN E-Book (PDF) 978-3-96121-052-7
ISBN E-Book (EPUB, Mobi) 978-3-96121-053-4

— *Weitere Informationen zum Verlag finden Sie unter:* —
www.mvg-verlag.de
Beachten Sie auch unsere weiteren Verlage unter www.m-vg.de.